FUTURO ESPIRITUAL DA TERRA
Copyright © 2016 by Samuel Gomes
1ª Edição | Maio de 2016 | 1º milheiro
1ª Reimpressão | Julho de 2016 | 2º ao 4º milheiro

Dados Internacionais de Catalogação Pública (CIP)

D871   LUIZ, ANDRÉ (Espírito)
       Futuro Espiritual da Terra / pelo espírito André Luiz; psicografado
       por Samuel Gomes. — 1ª ed.
       Belo Horizonte: Dufaux, 2016.

       345p. 16 x 23 cm

       ISBN: 978-85-63365-81-1

       1. Espiritismo 2. Espiritualidade 3. Regeneração
       I. Título   II. GOMES, Samuel

       CDU — 133.9

Impresso no Brasil – *Printed in Brazil* – Presita en Brazilo

Editora Dufaux
Rua Oscar Trompowsky, 810 - Bairro Gutierrez
Belo Horizonte - MG - Brasil - CEP 30441-123
Telefone: (31) 3347-1531
comercial@editoradufaux.com.br
www.editoradufaux.com.br

Conforme novo acordo ortográfico da língua portuguesa ratificado em 2008.

Os direitos autorais desta obra foram cedidos pelo médium Samuel Gomes à Associação Religiosa Grupo de Estudos Espíritas Os Mensageiros. Todos os direitos reservados à Editora Dufaux. É proibida a sua reprodução parcial ou total através de qualquer forma, meio ou processo eletrônico, digital, fotocópia, microfilme, internet, cd-rom, dvd, dentre outros, sem prévia e expressa autorização da editora, nos termos da Lei 9.610/98 que regulamenta os direitos de autor e conexos.

FUTURO ESPIRITUAL DA TERRA

ANDRÉ LUIZ
PELO MÉDIUM SAMUEL GOMES

TRILOGIA REGENERAÇÃO

Série
Regeneração

Sumário

PREFÁCIO

Ciclos de reparação..12

Apresentação...16

PRIMEIRA PARTE **21**

Capítulo 1
Convocação para o novo ciclo do planeta 22

Capítulo 2
De volta às lutas redentoras da matéria.................................28

Capítulo 3
Nosso ajuste ao equilíbrio dos outros orbes 34

Capítulo 4
Reencarnação – os que vão e os que ficam.............................40

Capítulo 5
Assumindo uma nova identidade..46

Capítulo 6
Materialização das colônias espirituais 52

Capítulo 7
Regeneração nos primeiros cem anos do milênio......................60

Capítulo 8
Seja um líder da transformação planetária..............................68

Capítulo 9
O desenvolvimento do lar regenerado.....................................74

Capítulo 10
O preparo nas escolas da espiritualidade para as lutas
regeneradoras..84

Capítulo 11
A mudança dos padrões mentais é fonte de regeneração.........90

Capítulo 12
Os trabalhos espirituais serão tão importantes quanto os
profissionais..98

Capítulo 13
A reencarnação sairá do padrão de prova e expiação............106

Capítulo 14
A instrução espiritual prevalecerá sobre as outras..................114

Capítulo 15
Análise das condições do orbe e dos aspectos mentais............122

SEGUNDA PARTE **127**

Capítulo 1
A limpeza astral traz espíritos perturbados
para o plano físico 128

Capítulo 2
Arrependimentos sinceros evitam o exílio 134

Capítulo 3
Mudança do padrão vibratório durante a noite 138

Capítulo 4
Alterações cirúrgicas nos perispíritos trazem
mutações no corpo físico 146

Capítulo 5
As comunicações entre os dois planos serão
de âmbito coletivo 154

Capítulo 6
Resgate nas trevas para exílio planetário 160

Capítulo 7
Os exilados de Capela, Adão, Eva e a Serpente 170

Capítulo 8
Intervenções na memória dos espíritos recalcitrantes............. 176

Capítulo 9
Psiquismo reduzido para evolução mais rápida.....................182

Capítulo 10
Reeducação dos que fazem justiça com as próprias mãos......186

Capítulo 11
A solidariedade mundial é padrão da regeneração................190

Capítulo 12
Jesus determina o fim das fronteiras idiomáticas 196

Capítulo 13
A revolução na estrutura social tem base em cada ser...........202

Capítulo 14
O evangelho será estudado por todas as ciências humanas....208

Capítulo 15
A maturidade pede que cada um saiba o que quer 212

Capítulo16
O legado espiritual das raças adâmicas 218

Capítulo 17
O que nos convém fazer numa terra espiritualizada 226

Capítulo 18
Cristo espera que não nos identifiquemos
com o que não somos..230

Capítulo 19
Homem ou mulher?..238

Capítulo 20
Viver em um planeta não é para satisfações fantasiosas 246

Capítulo 21
Reencarnações desperdiçadas..252

Capítulo 22
Avanços tecnológicos em mãos inconscientes........................260

Capítulo 23
Espíritos amadurecidos ligam-se a Deus................................264

Capítulo 24
A arte desperta e desenvolve os sentimentos divinos 270

Capítulo 25
Reprogramando jornadas rumo à nova escola 274

Capítulo 26
Reencarnação – o perispírito e os dons se ampliarão.............280

Capítulo 27
A reforma íntima orientada pela educação escolar 286

Capítulo 28
Fatores determinantes no uso dos recursos
e bens no futuro...292

Capítulo 29
Acidentes por imprudência já representam
a limpeza do orbe...296

Capítulo 30
Mudança nos planos espirituais do planeta 302

Capítulo 31
A visita de um amado companheiro 306

Capítulo 32
Os dramas humanos já são apocalípticos 314

Capítulo 33
Mudanças fundamentais na desencarnação 318

Capítulo 34
Diminuindo as distâncias na comunicação.............................324

Prefácio

Ciclos de reparação

"Cabendo-lhe fundar a era do progresso moral, a nova geração se distingue por inteligência e razão geralmente precoces, juntas ao sentimento inato do bem e a crenças espiritualistas, o que constitui sinal indubitável de certo grau de adiantamento anterior. Não se comporá exclusivamente de Espíritos eminentemente superiores, mas dos que, já tendo progredido, se acham predispostos a assimilar todas as ideias progressistas e aptos a secundar o movimento de regeneração."

A *Gênese*, capítulo 18, item 28.

Quem observar o planeta neste turbilhão de acontecimentos terá muita dificuldade em admitir que existam planejamentos, metas e ações da misericórdia celeste perante tanta desordem e interesse pessoal. Entretanto, em meio a inumeráveis calamidades sociais, nasce um ciclo no qual o estabelecimento de uma nova ordem de cultura e conduta serão os alicerces da humanidade futura.

Nenhum fato, nenhum plano sórdido de terrorismo ou violência, nenhum episódio sombrio da corrupção passam despercebidos dos olhares do Mais Alto. Mapas completos, com nomes, endereços, genealogias e fichas reencarnatórias dos mais temidos líderes das sombras, reencarnados ou desencarnados, estão sobre a mesa dos espíritos superiores que cuidam dos destinos desta casa planetária. Uma jurisdição astral das mais importantes para o futuro das nações já está constituída.

A Terra deixa de ser um planeta prisão e a prioridade dos servidores que a acompanham com cuidado e amor, atenção e discernimento, é constatar o que pode ser feito com a ajuda da ação humana para instaurar o bem.

Nos planos do Senhor, os ciclos de depuração estão entrando em fase final, e iniciamos com intensidade os ciclos da reparação.

Reparar é recompor a proposta de origem, resgatar a abundância da riqueza espiritual que se encontra gestada no planeta.

Os ciclos de restauração da proposta Divina incluem o serviço árduo e definitivo de implantar novos conhecimentos e alinhar conquistas morais renovadoras, para que as nações compreendam, sob a luz da fraternidade, o glorioso destino que está traçado ao orbe terreno.

Para que essa obra se consolide, o benfeitor André Luiz descortina diversos caminhos que, no futuro, serão os alicerces dos tempos inovadores. Uma geração nova com mais alma e bondade, compreensão humana e alteridade, se apronta e já começa a ingressar em todas as latitudes dos continentes, objetivando a fixação dos caracteres raciais que vão secundar o movimento de regeneração.

A esperança e a noção do direito com amor e perdão serão os principais fluxos de energia emanados por essas almas benditas, que carregam para as sociedades a bandeira da pacificação e do desprendimento, da ética e da retidão de propósitos.

Os ciclos reparadores são o prenúncio mais concreto de que se tem notícia nos planos astrais para, de fato, um tempo novo se efetivar na nossa casa abençoada sob o cuidado amoroso de Jesus.

Agradecemos a André Luiz pelos seus esforços continuados na expansão da luz e abençoamos o médium Samuel Gomes que faz parte da geração dos depuradores, batendo a enxada afiada nos campos rudes da espiritualização para plantar as sementes viçosas do esclarecimento e da fé. Ambos tiveram em Nosso Lar a bênção de Clarêncio e de Isabel de Aragão para servirem como operários destemidos, aplainando os caminhos daqueles que vão chegar para reparar o planeta e edificar a obra do bem no coração de todos.

Eu, Maria Modesto Cravo, amante do bem e servidora do Cristo, os abençoo com muita paz![1]

---

1 Mensagem recebida pelo médium Wanderley Oliveira em maio de 2016.

Apresentação

Na tentativa de esclarecer nossos irmãos encarnados que buscam as orientações dos amigos que já se encontram além da existência material é que volto a escrever, informando sobre a ação dos incansáveis trabalhadores do mundo maior que auxiliam àqueles que estão abertos a essa dádiva divina em favor de suas mentes sedentas de verdades superiores.

Procuro atender também aos pedidos silenciosos de muitos que, acostumados com as instruções educadoras que efetivei, junto ao nosso irmão Chico Xavier, aguardam alguns apontamentos relativos ao processo de regeneração pelo qual a Terra vem passando.

Tenho a oportunidade de trazer a orientação desses amigos, mostrando o esforço dos que atuam anonimamente junto à mente dos homens com o propósito único de auxiliá-los a passar por esse período de transição de uma forma segura e tranquila.

A narrativa se passa na década de setenta e, desde aquela época, muitas coisas mudaram. A primeira parte foi baseada em minhas lembranças relacionadas à oportunidade de acompanhar um amigo do coração em seu retorno ao corpo físico. A segunda parte foi escrita como reflexo do atual momento do planeta, principalmente em nosso Brasil – o coração do mundo e a pátria do Evangelho, que tem suas responsabilidades próprias no concerto geral para a edificação dessa nova era. Não indicamos as datas corretas desses acontecimentos, já que, por bom senso e discrição, precisamos preservar esses companheiros, em sua maioria ainda encarnados, evitando especulações e estímulos da vaidade junto aos irmãos que trabalham anonimamente para cumprirem as tarefas a eles destinadas.

Quando me propus a escrever este livro, procurei por um mediador que tivesse certa sintonia com nossos trabalhos pessoais e, dentre os companheiros preparados por nossa colônia espiritual, tivesse assumido os compromissos acordados com os que lhe programaram a reencarnação. Por meio das tarefas e de outras atividades decorrentes de deveres criados por ele no passado, seguia na atual existência cumprindo os projetos de sua recuperação interior.

Tenho acompanhado e participado periodicamente das tarefas de psicografia desse amigo para me sintonizar com suas condições de trabalho. Alguns companheiros do lado de cá também se utilizam de seus esforços no bem e dos conhecimentos que oferece e são envolvidos por suas palestras e estudos que coordena na divulgação da Doutrina Espírita, reparando as ações do passado quando desvirtuou muitas almas da direção maior, conduzindo-as ao despenhadeiro dos erros e dos sofrimentos.

Que, com seus propósitos de soerguimento, possamos cumprir nossa parceria na reeducação do espírito pela dedicação aos trabalhos que a espiritualidade maior nos oferece, para darmos juntos alguns passos em direção à libertação que todos nós almejamos. O sol inovador nasce nos horizontes obscuros do planeta, tanto quanto a luz imorredoura da realidade espiritual desperta na intimidade do homem saturado pelas loucuras do ontem, recolhidas nas dores de hoje e que representam o material vivo das transformações que se operam sobre o quisto das imperfeições para o reestabelecimento de sua frágil saúde.

Que as bênçãos de nossos orientadores cheguem a tocar alguns corações para que venham a cooperar, por sua vez, com as transformações desta hora e que no amanhã, sob a luz clareadora da Verdade, venhamos a cantar "Hosanas ao Senhor" e traduzir nossa gratidão por tudo o que temos recebido e, por meio do nosso esforço, operar em prol da harmonia e da paz, clima perfeito da Terra renovada.

E, nessa harmonia e beleza, deixo meu carinhoso abraço e agradeço por mais essa oportunidade de escrever aos amigos da Terra.

Muita paz!

André Luiz
Belo Horizonte, junho de 2015.

PRIMERA PARTE

Capítulo 1

Convocação para o novo ciclo do planeta

A assembleia de ouvintes era um dos cenários bucólicos e resplandecentes criados sob a orientação de Veneranda para ser núcleo de aprendizado e educação dos trabalhadores que ansiavam retornar ao plano material. Buscavam sua reabilitação e queriam também cooperar com Jesus na transformação do orbe em uma morada renovada.

Dando início aos trabalhos, o mentor, Albério, proferiu em tom firme e profundo:

— O nascimento de uma consciência renovada está sendo implementada em todos os espíritos que estagiam na Terra sob o amparo do Cristo.

O planeta precisa fechar as portas para a inferioridade que ainda influencia a vida humana, pois muitos se encontram distraídos para a realidade imortal que lhes aguarda além--túmulo.

Entidades experientes e esclarecidas nasceram e continuam a nascer em todos os continentes para lançar as sementes do despertar espiritual da humanidade, e também para fazer com que os homens busquem, com mais intensidade, a origem divina que permanece adormecida dentro deles.

A Doutrina Espírita vem cumprindo a sua missão de abrir as portas da espiritualidade aos espíritos já amadurecidos por experiências científicas e racionais. Estas conquistas representam os recursos de preparação da mente que, ao receber os esclarecimentos trazidos pelo Espírito de

Verdade, transformará o orbe numa morada elevada que entrará de vez no rol de mundos redimidos.

Após uma breve pausa na fala, para que a mensagem ecoasse nos ouvintes atentos e sedentos pelas informações esclarecedoras, continuou:

– Cada um de nós precisa comprometer-se com o trabalho de edificação espiritual a fim de desenvolver qualidades que carregamos para a mutação dos cérebros físicos, uma vez que, ao despertar nosso potencial, provocamos alterações em nosso perispírito e corpo físico. Aumentaremos, assim, o percentual de uso da mente, aparelhagem delicada e eficiente projetada pelos técnicos da evolução para a manifestação do espírito e de suas qualidades de inteligência, capaz de criar e transformar o mundo à nossa volta.

O que não farão os futuros homens, com os recursos mentais bem mais dilatados, em favor da vida coletiva?

Novas disposições, capacidades adquiridas, fenômenos extraordinários e menor necessidade de exigências biológicas mudarão as condições da vida humana, anulando todas as características que contenham vestígios de animalidade. Isto acontecerá tanto em nível emocional quanto físico, pois serão modificadas as necessidades alimentares, os interesses sexuais, as atitudes de violência nas conquistas exteriores e as posturas nas relações afetivas que refletirão os sentimentos da abnegação e da doação pura, nos quais a caridade será a principal característica no trato entre as pessoas e nas atividades do cotidiano.

As paisagens de dor e mendicância desaparecerão das ruas e praças, e as instituições educativas farão com que a dignidade humana espiritualizada, que existe hoje nas colônias e cidades espirituais superiores, seja refletida na Terra, influenciando diretamente a existência material.

Albério calou-se novamente, ante a expectativa de todos.

Observei atento o efeito daquelas palavras nos que estavam próximos e pude notar neles a aura de alegria e o anseio de aprender que também existiam dentro de mim.

O orador da noite esclareceu outras notas de necessidades renovadoras aos homens e a todos nós, trabalhadores empenhados com o programa de regeneração do orbe, como estímulo enobrecedor para nossos serviços.

Lísias, que me acompanhava nessa palestra, sorriu para mim e disse quase sussurrando:

— André, preste atenção na reflexão que Albério trará para todos no final da palestra.

E, com a voz comovida, Albério arrematou o encontro:

— Um novo ciclo de valores envolve o planeta e não somos apenas os observadores dessa transição, mas as mãos do Cristo para a realização dessa obra que nasce de Seu coração amoroso em direção a todos nós.

Aceitamos o desafio de transformar nossas existências em exemplos de dedicação e empenho, a fim de que a mudança efetive para sempre os verdadeiros valores estabelecidos pelos propósitos do Mestre.

Desde o princípio da formação do orbe Ele vem concretizando suas determinações, deixando claro que a liberdade de escolha dos homens deve sintonizar com o Seu objetivo de fixar o amor como força de sustentação de todos. Sentiremo-nos como verdadeiros irmãos, e a fraternidade será a expressão do planeta renovado.

Seus ensinos evangélicos já não serão encontrados em livros e sim na manifestação natural dos seres encarnados, pois nos transformaremos no Evangelho vivo, trazendo Sua divindade como essência do nosso ser a espalhar-se para todos os recantos do globo.

Benditos todos vocês que escolheram nascer neste momento de exemplificação e testemunho, aproveitando a abençoada oportunidade de edificar o reino dos céus prometido por Jesus.

Oxalá em vossos corações! E que a coragem e a firmeza da fé sejam os pilares de vossas emoções nessa intenção de trabalho em que Ele, o mestre da manjedoura, vem influenciando nossas escolhas para o trabalho pela regeneração do orbe.

Paz a todos vocês, é o que desejo!

Olhei para Lísias e vi duas lágrimas descendo em seu rosto. Também fui tomado de grande emoção, ao lado desse irmão espiritual com quem tive uma afinidade imediata, desde minhas primeiras atitudes conscientes, após ser trazido das regiões umbralinas. Lá estagiei por necessidade de limpeza dos miasmas pesados acumulados em função das distorções sobre a realidade e sobre Deus.

Lembrei-me dos momentos em que sua mãe, dona Laura, também se preparava para reencarnar[1], e desta vez era ele que se encontrava próximo de retornar[2] e se juntar ao seu coração maternal, cumprindo a missão que muitos companheiros abnegados de Nosso Lar estavam realizando nesses dias para imprimirem os trabalhos de base da nova condição da Terra, passando do mundo de provas e expiações para um mundo de regeneração.

Queria muito ir também, mas Clarêncio me informou de que iria precisar de mim novamente, para transmitir informações sobre as ações espirituais nesses momentos de transformações planetárias, e que meu momento não tardaria.

Lançando-me um olhar amoroso, Lísias disse:

– Vamos, André! As lições foram proveitosas aos nossos corações e serviram de estímulo para não termos medo das programações reservadas às reencarnações em massa, advindas de todas as colônias espirituais. Nosso objetivo é auxiliar nas transformações que já chegam a seu ápice, na intenção de que esta manhã, que nasce agora para os homens, imprima para sempre suas qualidades nobres, em que nem a sombra nem as trevas terão vez.

Em seguida, fomos para a casa de Lísias participar de uma reunião de despedida.

---

1 *Nosso lar*, capítulo 47 - "A volta de Laura" - Autor espiritual André Luiz pela psicografia de Chico Xavier - Editora FEB.

2 No capítulo 45 do livro *Nosso lar*, Lísias fala que vai reencarnar trinta anos depois do lançamento desse livro, o que ocorreu em 1943. Isto confirma a década de 1970 como o período dos acontecimentos narrados aqui. (N.E.)

Capítulo 2

De volta às lutas redentoras da matéria

Ao chegarmos à casa de Lísias, um grupo de mais ou menos trinta pessoas já aguardava a sua chegada. Lá estavam também uma de suas irmãs, Teresa[1], já que a outra se encontrava encarnada, sua sobrinha Eloísa[2] e sua companheira de jornada Lascínia, que num futuro próximo também voltaria às lides materiais para encontrá-lo, cumprindo os compromissos estabelecidos no campo matrimonial em função do programa preestabelecido pelos Ministérios do Esclarecimento e da Comunicação.

A alegria estava estampada na fisionomia de todos os presentes, que nos acolhiam com carinho e consideração.

Após os cumprimentos afetivos, Clarêncio, no centro dos trabalhos da noite, convidou-nos para sentar em torno de uma grande mesa com uma câmara cristalina ligada a tênues fios. O aparelho possibilitava que entidades amigas se manifestassem, fossem elas encarnadas e previamente preparadas, como no caso de hoje, ou desencarnadas e vivendo em outros planos espirituais. O objetivo da presença dessas entidades era trazer mensagens de consolo ou estímulo às tarefas edificantes realizadas por companheiros de nossa colônia e aos trabalhos preparatórios de reencarnação.

Quando o relógio marcou uma hora da madrugada, surgiu a imagem de uma senhora que já conhecíamos, em sutil forma gasosa. Era Laura, em sua nova forma física, que nos saudou

1 *Nosso lar*, capítulo 19, autor espiritual André Luiz pela psicografia de Chico Xavier - Editora FEB.
2 Ibidem.

calorosamente, com o semblante emocionado:

– Que a paz esteja com todos vocês!

E olhando diretamente para Lísias, disse carinhosamente:

– Meu filho do coração! É chegado o momento tão esperado de estarmos juntos para as tarefas que planejamos realizar no plano físico. Estas já estão sendo colocadas em prática pela nossa família espiritual, mas, devido a compromissos do passado, perdemos valiosas oportunidades de dar exemplos de fé e coragem em nome do nosso Mestre do coração.

Parou alguns instantes, para organizar os pensamentos, e continuou:

– Será uma alegria muito grande recebê-lo novamente na condição de filho para podermos dar nossa contribuição aos trabalhos espirituais a nós designados.

As perspectivas são bem grandes, principalmente com o apoio que temos recebido de nossos amigos do Nosso Lar, além do esclarecimento que a Doutrina Espírita nos dá por meio de sua clara orientação. Que não nos desvirtuemos dos propósitos estabelecidos pela colônia quanto às tarefas que precisamos executar!

Nosso compromisso é com a proposta de sedimentar os campos espirituais da Terra, tarefa já realizada hoje por muitos companheiros nossos, espíritos preparados pelos institutos astrais com a missão de estabelecer a nossa contribuição na transformação do mundo, pelo exemplo e pela dedicação às tarefas.

Conto com seu abnegado carinho e o de todos vocês para obtermos nossa vitória sobre as disposições inferiores que ainda carregamos, rogando aos céus que nossas atividades se ajustem aos objetivos organizados por Jesus para o benefício deste planeta.

Agradeço o carinho de todos e desde já me sinto feliz com a aproximação de sua presença na esfera material.

Dando um sinal de que iria terminar a visita, olhou para todos nós com agradecimento, em especial para Lascínia que iria renascer futuramente, dedicando-lhe palavras de carinho e afeto em relação ao trabalho que o grupo familiar deveria realizar em época vindoura.

Finda a manifestação, todos estavam felizes por partilhar esses momentos de fraternidade.

Lísias aproximou-se de mim e disse:

— André, fico feliz por estar aqui conosco, já que o considero um irmão do coração. Espero que você possa dar prosseguimento na tarefa para a qual foi convidado pelos nossos orientadores, que é a de esclarecer um pouco mais os encarnados, mostrando-lhes o quanto as instituições espirituais como as nossas, nesse período de mudanças, têm para contribuir de forma direta com o crescimento do planeta rumo à paz definitiva.

Espero que em suas viagens à superfície da crosta você possa nos visitar, trazendo suas vibrações para aliviar a saudade em nossos corações.

Comovido, escutei aquelas palavras de carinho e respondi com um abraço amigo e reconfortante:

– Não se preocupe. Sempre que puder estarei com vocês, pois me sinto ligado a todos por meio de nossas trajetórias evolutivas. Nossos laços afetivos são de muito tempo e não quero jamais perder de vista essa amizade que guardo em meu coração.

Despedi-me dos companheiros e, quando já estava de saída, Clarêncio pediu que eu me preparasse para ir com ele e mais um grupo de amigos levar Lísias à superfície da crosta para a sua preparação reencarnatória e aproximação do seu futuro lar. Disse já ter requerido o afastamento temporário dos meus trabalhos e que, na madrugada do dia seguinte, partiríamos para a tarefa.

Agradeci-lhe a dedicação amiga e orientadora. Quando me entreguei ao descanso abençoado, tive a impressão de ser arrebatado em direção às estrelas pelas janelas do sono.

"Na regeneração, o próprio Mestre é o orientador maior dos objetivos elevados que o globo tem no contexto do sistema solar do qual Ele faz parte."

Capítulo 3

Nosso ajuste ao equilíbrio dos outros orbes

Como me informou Clarêncio, na madrugada do dia seguinte, um grupo de vinte companheiros deslocou-se em direção à crosta para dar início ao projeto da reencarnação de Lísias, traçado pelos engenheiros geneticistas, e também para auxiliar em algumas tarefas específicas. Estávamos acostumados a realizar essas tarefas junto a instituições variadas, principalmente as de caráter espírita, e esse auxílio consistia em oferecer socorro a encarnados que apareciam constantemente, em caráter de emergência, para melhorar suas condições, a fim de que a encarnação atual não ficasse comprometida em sua continuidade.

Lísias parecia-me mais concentrado e reservado, o que diferia de suas características naturais, sendo este fenômeno muito natural àqueles companheiros que se aproximam do processo reencarnatório. Eram os primeiros passos em direção às trocas fluídico-energéticas mais intensas com o psiquismo da futura mãe.

Aproximamo-nos de uma das grandes metrópoles brasileiras. À distância em que nos encontrávamos, o lugar parecia um palco iluminado, dando a impressão de ser uma cidade-luz.

A obra feita pelas mãos humanas mostrava o quanto a intelectualidade do ser pode fazer em benefício da existência quando é direcionada para fins elevados.

Nesse momento, Clarêncio tirou-me dessas reflexões e falou carinhosamente:

– André, eu percebo suas considerações. Quando as criaturas humanas forem inspiradas pelas verdades eternas de Deus, atingirão o ápice de suas possibilidades e resolverão todas as dificuldades que até agora têm sido motivo de preocupações. Aí, finalmente, encontrarão o equilíbrio.

Parou alguns momentos para organizar os pensamentos e depois continuou:

– Quando os seres humanos tomarem posse da sua herança divina, todas as dificuldades desaparecerão como por encanto e suas ações criarão infinitas possibilidades para o seu bem-estar e o de todas as pessoas à sua volta.

Para que isso aconteça, é lógico que algumas barreiras devem ser vencidas como, por exemplo, a abertura para trocas espontâneas e verdadeiras, entre as nações e a percepção do papel especial e da responsabilidade de cada uma delas, a fim de que a harmonia geral aconteça de fato e o monstro do egoísmo seja extinto no orbe.

Assim como o Brasil é o coração do mundo, abrindo espaço para os sentimentos de fraternidade se fixarem na Terra, outras pátrias têm funções diferentes que precisam sair do patamar de exclusividade e de angariar benefícios nacionais em direção a todos os outros povos, que na verdade representam um corpo só e precisam do auxílio de todos os órgãos e países para recuperar a saúde.

As informações de Clarêncio instigavam-me os pensamentos sobre a transição planetária e seus valores dentro da regeneração, tema tão discutido nesses dias atuais.

Clarêncio continuou:

— Você entendeu bem o tema e o objetivo da nossa simples conversa? Na regeneração, o próprio Mestre é o orientador maior dos objetivos elevados que o globo tem no contexto do sistema solar do qual Ele faz parte. A Terra precisa se ajustar ao equilíbrio dos outros orbes que já se encontram harmonizados ao bem e que esperam há tempos que ela venha fazer parte do concerto de movimentos harmônicos do sistema e receba de outros mundos o auxílio necessário para sua estruturação e reconstrução.

— Isso quer dizer – perguntei admirado – que teremos contatos interplanetários com os homens de outros orbes do Sistema Solar?

— Como não, André! O Universo é sustentado por uma união entre tudo e todos, e só a maneira de pensar dos seres encarnados em nossa morada educadora se expressam em aspectos de individualismo e separação.

Notei que o tema exigiria uma reflexão mais aprofundada sobre a percepção que a maioria das criaturas humanas tem de si mesmas, do mundo e da estruturação do seu jeito específico de viver.

— Você pensa corretamente, meu caro amigo. É exatamente na maneira de perceber a si mesmo que o homem se identifica com sua forma física, percepção esta que se baseia nas janelas dos seus cinco sentidos e direciona sua felicidade para as satisfações passageiras da carne, distorcendo sua real origem e natureza. Estamos no momento exato de romper com esses comportamentos corrompidos.

Quando analisamos mais detidamente o nascimento de Jesus, narrado no Evangelho de Mateus, notamos que a união de vários aspectos do campo mental humano foi importante para a alternância da compreensão de si mesmo. Nas anotações do evangelista, vemos em Maria a sublimação dos sentimentos saturados pelas dores e decepções do egoísmo familiar e consanguíneo, redirecionando o afeto para sentimentos universais e derrubando definitivamente as distorções que criam exclusividade nos relacionamentos.

Em José, pai de Jesus, notamos o trabalho de aperfeiçoamento da razão sendo fecundada pelos princípios da justiça, favorecendo a igualdade tanto de direitos como de deveres, a fim de que as responsabilidades sejam harmonizadas nos compromissos estabelecidos por cada um, no trato com os semelhantes. E o ingrediente que faltava na formação de uma mentalidade renovada é a "noção espiritual de si mesmo", simbolizada pela descida do Espírito Santo sobre Maria[1], introduzida nesse encontro entre o sentimento elevado e a razão purificada, ampliando a visão dos seres para além das realidades transitórias de sua forma e nome e lançando-os a uma viagem interior na qual encontrariam o poder de solução de todos os seus desafios de crescimento.

A conversa estava ficando cada vez mais intrigante e curiosa, mas procuramos concentrar nossos esforços para o trabalho a fazer, já que nos aproximávamos das grandes vias de acesso à cidade.

Clarêncio silenciou por instantes, e falou:

---

1 Lucas, 1:35: "E, respondendo o anjo, disse-lhe: Descerá sobre ti o Espírito Santo, e a virtude do Altíssimo te cobrirá com a sua sombra; por isso também o Santo, que de ti há de nascer, será chamado Filho de Deus."

– Continuaremos depois nossa conversa a respeito das transmutações necessárias para a existência humana, e não nos esqueçamos de que o melhor aprendizado se faz junto à ação do bem, para que ele não se transforme em apenas informações vazias à intelectualidade inativa.

Fomos em direção à futura residência de Lísias para iniciarmos os preparativos de seu retorno ao corpo, marcado para dali a alguns dias, quando as condições necessárias surgissem. Não se tratava de uma encarnação comum e sim do renascimento de um espírito que, por merecimento, receberia auxílio direto em seu projeto para futuras iniciativas de conquistas espirituais.

Paramos diante de um moderno prédio cujas características representam muito bem o desenvolvimento da Engenharia, tanto na parte técnica quanto no estilo de edificação.

Foi com muita emoção que, ao entrar naquele lar, reencontramos amigos de nossos corações, encarnados e perfeitamente identificados com a proposta de vida focada nos interesses das experiências humanas.

Capítulo 4

Reencarnação – os que vão e os que ficam

Instalado no futuro lar de Lísias, nossa equipe montou um laboratório espiritual que seria monitorado por outros amigos de Nosso Lar já presentes na casa para atuar em parceria com aquela família nas atividades assumidas, ou seja, estabelecer na Terra a verdade proposta pelo Espiritismo.

Ficaríamos ali até que toda a primeira parte do ajustamento reencarnatório fosse efetivada. Depois disso, nossa participação não seria mais necessária.

Apesar de já ter cooperado pessoalmente várias vezes em trabalhos dessa natureza, Clarêncio esclareceu-me que, à medida que a ciência médica avança, esta vem realizando cada vez mais intervenções espirituais que antigamente eram de nossa responsabilidade, no acompanhamento do processo reencarnatório. Hoje essas intervenções são realizadas pelos modernos aparelhos que fazem diagnósticos do desenvolvimento fetal.

Ampliando suas observações, ele acrescentou:

– Os homens têm crescido em obrigações dessa ordem, já que são convocados a assumir natural e paulatinamente a parte que lhes toca no concerto da vida, uma vez que, após as nossas intervenções iniciais, a reencarnação fica submetida a um processo material, pois ela é, quase totalmente, influenciada pela fisiologia da mulher.

Lembramos a fala de Jesus a Nicodemos[1] sobre o nascer de

---

1 João, 3:1-12: "Se vos falei da coisas terrestres, e não credes, como crereis, se vos

novo ser um trabalho de retorno do espírito ao corpo e que, apesar de se tratar de um fenômeno que ainda[2] está ligado às responsabilidades do Plano Maior, Ele denominou como "coisa terrestre". Nem Nicodemos, considerado um sábio em sua época, conhecia os detalhes das leis que regem os mecanismos da reencarnação!

Sabemos do esforço de entidades inferiores para manter na ignorância as mentes humanas. Eles conseguem fazer com que, até mesmo os que estão vinculados aos trabalhos espirituais sofram certa manipulação, mantendo as consciências fechadas com relação às revelações mais profundas da espiritualidade em decorrência dos preconceitos religiosos. Usam para isso reuniões com os principais representantes dos dois planos existenciais e, com interesses mesquinhos e intenções exploradoras, influenciam a mente comum na tentativa de impedir o seu crescimento em direção à própria liberdade.

Também sabemos que tudo isso ocorre com a supervisão superior, que respeita o livre-arbítrio de cada um. O ser humano, se quisesse, sairia dessa subjugação coletiva e buscaria com maior interesse os valores reais de espiritualidade, como tem acontecido agora nesses tempos de transição.

O que se vê é o desespero desses espíritos inferiores que percebem a perda cada vez maior de suas influências sobre o psiquismo amadurecido dos homens. Eles sabem

---

falar das celestiais?".

2 O único aspecto que falta para a medicina terrena participar do processo completo da reencarnação é a introdução do espírito no momento da fecundação do óvulo. Até a magnetização e escolha dos gametas para a formação do corpo poderá receber a colaboração dos técnicos em reencarnação do plano físico, uma vez que a própria mudança genética do cromossoma já é analisada pela ciência terrena. (Nota do médium)

que Jesus já decretou a limitação de sua presença aqui na Terra, além de os planos inferiores estarem passando por uma rápida limpeza que os amedronta pela incerteza do que acontecerá com eles. Por isso fazem de tudo para tentar, numa última cartada, levar consigo alguns desses companheiros que se encontram encarnados trabalhando na política, na religião, na ciência, nas artes e demais áreas de atuação humana. Como consequência dessa situação, os companheiros perturbados por eles se transformam em instrumentos de aferição para a humanidade. Vale refletir sobre as palavras do Mestre, quando disse que o escândalo seria necessário, mas ai daqueles por quem o escândalo viria![3]

Assim, meu caro André, todos nós estamos fazendo a nossa escolha para determinar quem vai continuar neste mundo rumo à sua recuperação ou estagiar em experiências mais áridas e em regime de expiação em outro planeta que se encontra em fase inicial de desenvolvimento.

— É aí que poderemos entender a questão dos anjos decaídos, tão comentada na Bíblia, bem como nos estudos de Allan Kardec, orientados pelos instrutores na codificação.[4]

— Isso mesmo, meu filho. A queda dos anjos, assim simbolizada, é a represęntação do exílio que os seres em evolução se submetem quando não conseguem se ajustar ao bem. Vivem hoje na escola chamada Terra, que atualmente vem passando por esse processo de saneamento, e são convidados a passar para outro planeta, mais inferior. Isso simboliza o paraíso perdido, que lhes proporcio-

3 Mateus, 18:7.
4 Do que precede se infere que os anjos decaídos pertenciam a uma categoria menos elevada e perfeita, não tendo atingido ainda o lugar supremo em que o erro é impossível. *Céu e inferno*, capítulo 9, item 10 - Allan Kardec - Editora FEB.

nará aprendizados de acordo com suas necessidades de aprimoramento íntimo.

O que ocorre é que esses irmãos não conseguiram acompanhar o processo de crescimento espiritual que outros, mais despertos, realizaram, pelo esforço individual e pelo bom enfrentamento de suas lutas íntimas de transformação, em busca de sua própria origem em direção ao Pai.

Dessa forma, lembramo-nos do Evangelho na passagem sobre "muitos os chamados e poucos os escolhidos"[5], mostrando que um terço dos espíritos mais evoluídos[6], esteja nos planos espirituais ou físico, se encontra apto a continuar realizando seu crescimento junto ao planeta, rumo à regeneração.

Outro terço da população do orbe se encontra nas condições mais primitivas e inferiores, tendo sido deslocado para esse mundo que se afina por sintonia com suas condições íntimas.

Mas existe ainda outro terço, no qual se encontra a maioria das criaturas, composto por espíritos vinculados ao umbral espiritual, tanto encarnados quanto desencarnados, que tem ainda alguma possibilidade de ficar na Terra e continuar seu trabalho de aperfeiçoamento ou de serem retirados dela para o "choro e o ranger de dentes"[7], mencionado nos ensinos de Jesus.

---

5 Mateus, 22:14.
6 Apocalipse, 12:4: "E a sua cauda levou após si a terça parte das estrelas do céu, e lançou-as sobre a terra; e o dragão parou diante da mulher que havia de dar à luz, para que, dando ela à luz, lhe tragasse o filho."
7 Mateus, 8:12.

Clarêncio parou por alguns minutos, a fim de que eu assimilasse os seus esclarecimentos, e acrescentou:

– É claro, André, que a misericórdia divina está tanto aqui como no planeta que acolherá esses companheiros, e ambos têm o objetivo de aperfeiçoar os espíritos para a sua glória imortal.

Nisto está a responsabilidade que cabe a cada um de nós quanto ao que desejamos fazer com a própria vida.

Clarêncio calou-se, sem querer falar mais naquele assunto, pelo menos por enquanto. Estávamos diante da oportunidade de atuar nas circunstâncias que envolviam a reencarnação de Lísias.

Busquei contribuir com aquilo que podia, facilitando a aproximação de nosso amigo reencarnante junto ao ambiente psíquico de Márcia, nome fictício que utilizo aqui para representar nossa irmã Laura, que se propunha novamente a recebê-lo como filho.

Capítulo 5

Assumindo uma nova identidade

Aguardávamos o momento exato para entrar no quarto do casal. À maneira de médicos ginecologistas, iríamos introduzir o núcleo energético do perispírito de Lísias, já profundamente adormecido e bastante reduzido em seu tamanho perispiritual, no centro de forças genésicas de Márcia que, naquele momento sagrado, apresentava condições para o processo de fecundação do óvulo pelo espermatozoide, devidamente selecionado para a produção da célula-ovo.

Buscávamos, assim, facilitar a fecundação com a aproximação do núcleo perispiritual de Lísias, que influenciaria magneticamente todo aquele campo de formação, juntamente com o auxílio energético do chefe da equipe reencarnacionista que atuaria como força preponderante nos agentes psíquicos ou princípios inteligentes, tanto do óvulo como da célula ágil produzida por Sandro, o futuro pai. Esta intervenção iria atingir o centro feminino de reprodução, mas seria dirigida pelas forças superiores da mente do mentor técnico, que escolheria o melhor e mais eficiente espermatozoide identificado com as qualidades genéticas do futuro.

Atuaria também a mente materna que, como um modelo, imanta o campo de formação do corpo e todos os acontecimentos a ele relacionados, repetindo uma linha de automatismo biológico dentro da evolução pela qual o útero materno serve de incubadora para a entrada do ser no mundo material. Ele é o núcleo de materialização, centro de forças muito admirado pelos irmãos mais conscientes e despertos, que fazem dele um altar venerável de respeito e adoração.

Clarêncio organizava tudo e mantinha o trabalho de magnetização junto de Lísias para introduzi-lo no momento exato ao encontro com o ambiente propício que iria recebê-lo, quando então deixaria tudo ocorrer naturalmente na esfera da execução mecânica dentro da lei dos renascimentos.

Toda a equipe permanecia em concentração absoluta, cada integrante exercendo a sua função. Poderíamos dizer que a atuação do grupo retratava o ambiente de um templo iniciativo, em que a seriedade e o comportamento de profunda fé marcavam suas características, devido ao grau de responsabilidade que um trabalho como aquele exigia.

Eu procurava usar dos meus recursos de energias mentais para auxiliar Clarêncio na tarefa de influência fluídica junto a Lísias, doando o melhor de mim àquele que foi o meu primeiro instrutor das verdades eternas, quando cheguei à colônia que me acolheu com carinho.

"Como o mundo dá voltas!" – pensei comigo – agora era eu quem o auxiliava, preparando sua chegada a outro porto, o da realidade material do mundo físico, envolvido por outras características genéticas, onde receberia outro nome junto às renovadas propostas de existência e se transformaria em uma personalidade diferente.

O esquecimento do passado ocorreria no intuito de tornar a mente, que se desenvolveria a partir dali, um papel em branco para receber experiências educativas, ricas de estímulos vivos, do carinho amoroso de sua mãe, da instrução escolar feita por muitos mestres e da companhia de amigos na construção da personalidade. Esta, independentemente dessas influências e apesar das forças adormecidas do passado, estará aberta a novas experiências, que farão dele um novo homem.

Como o trabalho reencarnacionista faz com que nos libertemos de nossas fixações e apegos! Somos convidados a mudar de forma, nome, profissão, posição social e núcleo familiar. Ora estamos no papel de filhos, ora no papel de pais.

Essa inversão de papéis é importante para quebrar a tendência que carregamos de fazer com que as coisas e os acontecimentos sejam interpretados de um único jeito, mostrando para todos a diversidade do movimento universal.

Deus, em sua Sabedoria, vai nos mostrar o quanto precisamos nos desprender de tudo e de todos, mantendo apenas os sentimentos de ligação uns com os outros, aperfeiçoando nossa forma de amar até termos por todas as pessoas um sentimento de fraternidade legítima, que é a síntese dessa força nas relações entre os seres em qualquer lugar do espaço sideral que transitoriamente se encontre, até que um dia atinja o topo da evolução e conquiste o direito de ser cidadão do universo, condição essa dos espíritos puros que refletem o dizer do Mestre a Nicodemos: "[...] mas não sabes de onde vem, nem para onde vai [...]".[1]

Este sentimento de desapego, acrescido de um profundo amor por todos e com tudo, é a marca dos seres sublimados que executam as determinações imediatas do Criador para o benefício das criaturas, dentro da eternidade existencial.

Um dia seremos os eleitos pelo Pai, eleição essa nascida das escolhas pessoais refletindo nosso interesse em crescer e desenvolver o potencial divino em nós, para uma cooperação sem limites, transformando-nos em agentes universais da criação pela qual, numa comunhão indescritível com a mente do Criador, nos colocaremos na posição de engenheiros do

---

1 João, 3:8.

cosmo, químicos divinos, geólogos da criação, biólogos da eternidade, matemáticos do infinito, médicos da alma, artífices da vida e tantas outras funções que nos dão condições de fazer a vontade d'Aquele que é a luz do princípio.

"Conforme os encarnados nos materializam,
nós também nos materializamos àqueles
que estão mais sutis em relação a nós, numa
escalada infinita de recursos e crescimento."

Capítulo 6

Materialização das colônias espirituais

Depois de algumas semanas envolvidos na fixação e na manutenção natural da gestação de Lísias, alguns de nossos amigos, já libertos do compromisso inicial, tinham a permissão de retorno à colônia Nosso Lar, enquanto outros deveriam ficar acompanhando o desenvolvimento fetal para assegurar tranquilidade na formação do corpo. Clarêncio convidou-me então para sairmos e executarmos algumas tarefas sob sua responsabilidade na esfera do plano físico.

Eu não sabia para onde iríamos, mas o acompanhei com satisfação no desejo de poder ser útil.

Encaminhamo-nos para um centro de atividades espirituais que era a base em que se realizavam diversos trabalhos, desde a orientação evangélica às crianças, jovens e adultos, bem como a prática da mediunidade, dos trabalhos assistenciais aos necessitados, dos tratamentos diversos como o passe até os atendimentos especiais dos grupos de estudos mais específicos, sejam doutrinários ou evangélicos. Poderíamos dizer que ali existia o ensaio para a materialização futura dos diversos Ministérios que existem em nossa colônia, constituindo-se como verdadeiras miniaturas destes.

Clarêncio esclareceu-me:

– Os homens trabalham de forma inconsciente para organizar estruturas iguais às das diversas colônias do Plano Maior que os envolvem, e, por nossa vez, ao nos aperfeiçoarmos no tempo, efetivamos as mudanças de nossas instituições espirituais nas características daquelas outras que se encontram em melhores condições que as nossas, seja na forma de funcionamento ou na própria estrutura organizacional. Conforme os encarnados nos materializam, nós também nos materializamos àqueles que estão mais sutis em relação a nós, numa escalada infinita de recursos e crescimento.

Sem que eles percebam, as instituições religiosas agrupam-se com seus diversos campos de atuação para a formação de verdadeiros núcleos de trabalhos que darão origem à formação de Ministérios. Estes, ao fugir da feição personalística ou egoica que reflete mais a pessoa que a sua obra, se comprometerão com o trabalho em primeiro lugar, valorizando os efeitos positivos que esses núcleos promoverão na existência dessas pessoas no resgate e regeneração.

É assim que teremos no orbe verdadeiros centros de estudos aprofundados das realidades transcendentes à feição do Ministério do Esclarecimento, ligados aos grandes núcleos científicos que se interessarão pelos estudos da realidade espiritual.

Também encontraremos nos hospitais terrenos a manifestação do Ministério do Auxílio com todas as funções que este tem em nossa colônia nos setores da recuperação da saúde interior, com departamentos de tratamento de desobsessão, da aplicação fluídica, como também a medicamentosa e de oração em benefício dos doentes em recuperação, realizando a limpeza final das imperfeições em busca da harmonia perfeita.

Os trabalhos de informação e os contatos entre as diversas instituições terrenas, assim como com os núcleos espirituais de trabalho, acontecerão de forma mais natural e espontânea. Será algo comum na sociedade futura, não só com as esferas espirituais próximas da Terra, mas também com planetas vizinhos materializando o Ministério da Comunicação.

Assim também ocorrerá com os outros setores da atuação humana, materializando no orbe os Ministérios da Elevação e da União Divina.

Somente o Ministério da Regeneração estará fadado a desaparecer, já que, com o tempo, o orbe entrará na busca de uma perfeição mais consciente, realizando a limpeza das esferas inferiores e diminuindo acentuadamente sua existência até que não tenhamos mais planos inferiores, apenas campos de sublimação e crescimento efetivo.

Estava admirado com as orientações a respeito das características do mundo de regeneração no qual o planeta estava se tornando. Era uma bênção estar sob a orientação desse mentor amigo presente desde os primeiros momentos do meu despertar[1] e que, aos poucos, me entregou a responsabilidade de caminhar com meus próprios pés, libertando-me das dependências mentais em que eu costumava me manter para continuar na posição de criança espiritual, sem querer caminhar para a minha libertação real.

Foi quando Clarêncio, lendo meus pensamentos, esclareceu:

– Uma das características da personalidade regenerada é a de, à medida que desperta, precisar cada vez menos de orientação externa para buscar a sua iluminação e conseguir desenvolver os valores espirituais depositados

1 A convivência de Clarêncio com André Luiz está narrada nas obras *Nosso lar* e *Entre a terra e o céu*, autor espiritual André Luiz pela psicografia de Chico Xavier - Editora FEB.

por Deus como potencial divino em seu ser. O caminho, a partir de agora, deverá ser para dentro de si mesmo, do mergulho no universo interior pela autodescoberta do que propriamente uma necessidade de esclarecimentos que venham de fora. A fase do autoconhecimento acontecerá em todos os quadrantes do planeta.

Clarêncio parou alguns minutos para coordenar as ideias, e continuou:

— O homem terá de caminhar na direção de sua real natureza: o espírito. Dessa forma, desenvolveremos as condições para que ele predomine sobre a matéria, abrindo caminho para transformar a Terra em um Mundo Ditoso, movimentando-se na concretização de ser divino ou celeste, como esclareceram os mentores da espiritualidade a Kardec[2]. Para isso, precisamos fazer primeiro a nossa purificação no encontro com essa natureza essencial, que traz potenciais de criação inimagináveis para a inteligência comum dos homens contemporâneos.

Se com essa caminhada interior o homem aumentar a capacidade de uso do seu cérebro, ampliando os limites que apresenta hoje, ultrapassaremos gradualmente esse potencial para muito além, até que despertemos totalmente nossas qualidades espirituais.

O espírito é a força de Deus dentro da vida e é por ele que as coisas acontecem para mudar as perspectivas da matéria, em qualquer lugar em que ela esteja. Todos nós representamos a capacidade de atuação do Pai em todos os lugares, refletindo a grandeza da Sua magnanimidade e sabedoria. Não queremos dizer com isso que vamos mate-

---

2 *O evangelho segundo o espiritismo*, capítulo 3, item 4, Allan Kardec - Editora FEB.

rializar Deus em nós, mas, quando passarmos a fazer a Sua vontade acima das nossas e nos identificarmos com Seus propósitos divinos, que são a essência do próprio Universo, apagaremos todos os traços das personalidades transitórias que já tivemos e criaremos uma comunhão perfeita com Sua vontade superior. No dizer de Jesus, começaríamos a ser um com Ele.[3]

À medida que falava sobre este tema, Clarêncio começava a iluminar o semblante amigo, como se estivesse envolvido por forças invisíveis que o inspiravam nas colocações. Após alguns instantes, continuou:

— André, meu filho, apesar de os homens ainda não compreenderem a importância de uma mudança profunda em seu comportamento, é com esse propósito que todos nós, amigos e protetores, temos trabalhado. Precisamos que nos ajudem a despertar a necessária mudança dos valores desse planeta e que sintonizem conosco nela. Quanto mais os homens assumirem a real consciência de transformação, mais faremos o trabalho contínuo de parceria que tanto necessitam, e será tão clara e natural essa colaboração mútua que quase não haverá separação entre as duas esferas: a do mundo material e a do mundo incorpóreo. Ambas farão parte de uma só realidade que funcionará perfeitamente, buscando uma finalidade única, que é o aperfeiçoamento de todos. Nesses dias, a humanidade começará a compreender o que significa a legítima fraternidade. Os padrões da existência, em caráter geral, serão influenciados por virtudes como a abnegação, a caridade, o perdão espontâneo pela compreensão do outro, o carinho natural e o respeito a todos, transformando o mundo num verdadeiro paraíso celestial.

---

3 João, 10:30.

Amanhã a Terra não terá as características de hoje, tais como a separação das raças, religiões e interesses coletivos. As doenças desaparecerão aos poucos, o trabalho será harmonioso e satisfatório para todos, não existirá peso algum naquilo que fazemos, pois escolheremos naturalmente o jugo suave e leve[4] que nos prometeu Jesus no passado, confirmando o desaparecimento de nossas dores.

Estava tão embevecido com a contemplação desse futuro humano que algumas lágrimas desciam espontaneamente dos meus olhos. Não havia percebido também o sutil e silencioso afastamento de Clarêncio, na intenção de me alimentar da sensação de paz e harmonia que seus esclarecimentos tinham me proporcionado e pudesse aproveitar melhor meu estado de serenidade interior.

---

4 Mateus, 11:30.

"É responsabilidade do ser pensante e gerador de fluxos energéticos mostrar-se como verdadeiro centro de vida que passa a atuar na constituição do seu habitat."

Capítulo 7

Regeneração nos primeiros cem anos do milênio

Voltando a me concentrar na tarefa, procurei por Clarêncio e indaguei sobre o que iríamos fazer ali.

Depois de conversar com um dos responsáveis pelos trabalhos daquela casa de caridade, ele me informou:

— Estamos aqui, aproveitando os trabalhos desse grupo dedicado à divulgação e à vivência da Doutrina Espírita, com a finalidade de tirar lições sobre a transição planetária. Esta experiência nos revelam particularidades dessa mudança no nosso campo interior, entendendo seus efeitos no mundo material.

— Isso quer dizer que essas mudanças ocorrem primeiramente na esfera pessoal para depois atingir o campo exterior do mundo?

— Isso mesmo, meu caro André. É lógico que os responsáveis pelas transformações do orbe fazem a sua parte ao adaptá-lo às condições materiais do amanhã que serão mais sutis do que as de hoje, mas é imperioso convir que é a partir do ser que as coisas devem ocorrer daqui em diante.

O planeta foi organizado pela mente augusta de Jesus, que elaborou as condições materiais para receber um psiquismo em que a matéria predominava sobre o espírito. Dessa forma, o mundo surgiu primeiro para depois abrigar o ser como um berço de desenvolvimento para seus potenciais de inteligência. Como estamos passando por uma fase evolutiva, em que o espírito deve predominar sobre a matéria, isso nos faz concluir que é a partir das mudanças que o ser opera em si mesmo que o campo da matéria será alterado.

É responsabilidade do ser pensante e gerador de fluxos energéticos mostrar-se como verdadeiro centro de vida que passa a atuar na constituição do seu habitat. Se observarmos as criações humanas de hoje, veremos a sutilização do material empregado por eles em tudo que produzem, ou seja, aqueles elementos mais pesados utilizados na construção de tudo vão dando lugar a materiais mais sutis e refinados.

Hoje, porém, quando avaliamos o conteúdo interior da maioria dos seres humanos, vemos a amplitude da ação negativa de suas forças num fluxo contínuo de influência, causando verdadeiras transformações no meio ambiente e no clima. E não falo aqui só do conjunto de condições atmosféricas, mas também do clima mental que, somado ao dos desencarnados, que os seguem na produção de substâncias tóxicas, causam, crescentemente, mudanças na atmosfera, decorrentes do clima coletivo desgovernado, dando condições para a materialização de agentes viróticos e bactericidas do astral que se aperfeiçoam conforme a sagacidade e os interesses maldosos nutridos por eles. São as disposições mórbidas e patológicas a nascerem do grau de inconsciência por não saberem usar todo esse potencial divino para fins nobres e elevados.

Clarêncio parou por alguns instantes, dando-me tempo para assimilar o conteúdo dos ensinamentos, e concluiu:

— Dessa forma, vamos acompanhar alguns amigos e grupos de trabalhos para extrairmos das atividades alguns ensinamentos e aprendizados, mostrando aos homens o quanto precisamos mudar a forma como pensamos e reavaliar quais objetivos queremos manter em nossas existências.

Estamos dentro de uma instituição espírita que representa a presença de Jesus junto a eles, assim como Ele se encontrava na Judeia do passado orientando e auxiliando seus discípulos para os trabalhos que deveriam desenvolver após sua crucificação. A diferença agora é que o Mestre de amor voltou na condição invisível e essencial do conjunto de princípios do Consolador Prometido, convocando o homem que escolhe seguir Seus passos a fazer o mesmo: sutilizar-se e tornar-se oculto na ação prática do amor que é a caridade, na intenção de que Deus apareça silenciosamente através de sua dedicação ao bem.

O amado instrutor aproximou-se de um grupo que iria iniciar uma pesquisa focada nas obras de Kardec e tinha o objetivo de fixá-los como base de entendimento doutrinário, de forma a conduzir os estudos sem uma dependência direta de um expositor ou palestrante, deixando os trabalhos sob a orientação de alguém que o coordenava. Porém, todos os participantes tinham a responsabilidade de fazer a sua parte no aprendizado e desenvolvimento das lições.

Por alguns minutos ficamos observando o grupo que estudava as questões relacionadas à mediunidade e a troca de observações entre eles, e percebemos o interesse com que se entretinham nesta tarefa.

Depois de algum tempo, Clarêncio falou:

— Vemos aqui um grupo que sai da posição comum de simplesmente buscar o saber como ocorre nas reuniões de cunho público e desenvolve uma postura mental diferente daqueles que buscam apenas consolo para seus sofrimentos. Aproveitemos o momento para tirarmos nossas lições.

Se Jesus disse que a quem muito for dado, mais será pedido[1], a lição cabe para nossas observações. Esses companheiros buscam se aprofundar no conhecimento elevado abrindo a disposição pessoal para responsabilidades dentro da existência, transformando esses recursos adquiridos em comportamentos e ações junto da sociedade. Tornam-se exemplos vivos para outras pessoas que inconscientemente buscam por alguém que as conduza, como ovelhas perdidas, e procuram por um lugar que lhes dê segurança e lhes seja acolhedor.

Nossos amigos são os trabalhadores da última hora[2], apresentados numa das parábolas de Jesus à mente imatura dos homens de Sua época. Esse convite é atual e pede que ajam de forma efetiva por onde passem, seja no próprio lar ou nos lugares onde são chamados a operar conscientemente para que as mudanças necessárias ocorram na sociedade por meio de suas colaborações.

Precisamos compreender que esses trabalhadores foram aqueles mesmos que receberam os primeiros convites da parábola em épocas reencarnatórias do passado, conforme a maturidade que apresentavam e o modo como poderiam atuar nos compromissos assumidos.

Se fixarmos nosso olhar no passado, perceberemos que os convites das primeiras horas estava ligado às conquistas exteriores da existência que já poderiam ser mudadas,

---

1 Lucas, 12:48.
2 Mateus, 20:1-16.

ampliando as melhorias sociais com as construções de estradas, dos meios de comunicação, do desenvolvimento de equipamentos, da higiene, dos cuidados urbanos, do desenvolvimento da educação, da implementação da saúde física e mental e dos campos do progresso que buscavam o bem-estar geral.

O convite dos dias atuais, que se refere à última hora, já não tem propostas exteriores, ele está alicerçado na reforma íntima que precisamos fazer para servirmos de referência àqueles que ainda anseiam por uma felicidade superficial na vida.

Observando esses amigos, vamos perceber que a maioria saiu de nossos centros de aperfeiçoamento e aprendizado que você conhece muito bem em nossos educandários, e que agora promovem os primeiros plantios nesse terreno de desenvolvimento. Começam relembrando os ensinamentos recebidos de nossas colônias e instituições para, num segundo momento, desenvolvê-los na intimidade do ser a expandi-los para fora.

Se a própria Doutrina Espírita já vem passando da fase de aquisição do conhecimento para a da aplicação prática dos seus princípios na vida pessoal, precisamos preparar esses companheiros para atuarem, de forma efetiva, na aplicação desses recursos, a fim de que, ao final dos primeiros cem anos do milênio, tenhamos estabelecido na Terra a condição de mundo regenerado.

— Então – perguntei admirado – até os primeiros cem anos após a virada do século 20 teremos a revolução das condições do planeta?

– Sim, André. Os responsáveis pela evolução do planeta, diretamente influenciados pelo Cristo, determinaram que são chegados os dias do amadurecimento geral e as condições de existência devem afunilar a partir daí, até que as mentes mais preparadas assumam as rédeas dos acontecimentos sob suas responsabilidades em todas as áreas nas quais foram chamadas a operar.

Assim, depois de uma turbulenta limpeza nos planos inferiores e nos vastos setores de desenvolvimento humano, nos quais não ficará pedra sobre pedra que não seja derrubada[3] de suas construções ilusórias e desvirtuadas, é que a bonança e a ativação do alto operarão de forma mais incisiva nas mudanças importantes.

Tudo parecerá perdido, mas só estará para os iludidos que buscam uma felicidade inexistente, até que venham a compreender que a felicidade verdadeira se encontra dentro de cada um.

Observando aquele grupo em seus movimentos de aprendizado mais efetivo, concluiu:

– Esses amigos ainda não têm noção exata do que fazem e do que se espera deles. Pensam mais no acúmulo do saber que faz com que tenham uma sensação de se encontrarem melhor que a maioria, mas, quando o terreno íntimo deles estiver saturado por essas sementes de vida eterna, serão convocados a transformar esses gérmens em flores e frutos de testemunho vivo, a fim de que seus exemplos floresçam no terreno íntimo daqueles que convivem com eles. Assim, numa cadeia sucessiva de transformação, todos cumprirão a parte que lhes cabe no trabalho de

---

3 Mateus, 24:2.

mudanças que, no atual momento, representa o caminho para a efetiva regeneração.

O mentor silenciou suas ponderações e saímos para acompanhar alguns dos integrantes do grupo que buscavam o lar para o descanso, pelas portas abençoadas do sono reparador, depois de um dia de trabalhos e estudos.

Capítulo 8

Seja um líder da transformação planetária

Clarêncio escolheu o próprio responsável pelo funcionamento do estudo em grupo para acompanhar. Era um homem de seus quarenta e cinco anos, tinha características intelectuais mais desenvolvidas e certo clima íntimo que lhe dava uma autoridade moral em crescimento.

Depois das despedidas do grupo, Carlos pegou o seu carro para retornar ao lar. Clarêncio pediu que eu me concentrasse em sua mente a fim de perceber o material de seus recursos íntimos para análise em nossos estudos. Concentrei-me no seu campo interior, e logo várias imagens, paisagens, pensamentos e pessoas surgiram aos nossos olhos.

Ainda sob a influência dos estudos da noite, Carlos refletia consigo mesmo: "Como os ensinos doutrinários nos ampliam o entendimento! Nos estudos de hoje sobre a mediunidade, percebemos como as ocorrências neste setor têm se desdo-brado para a humanidade e o quanto ainda nos encontramos distantes dos ideais de trabalho elaborados pelos instrutores e Allan Kardec para termos amplas possibilidades de comunica-ção entre as duas realidades. Quantas orientações poderíamos receber dos amigos que vivem no outro lado da realidade física? Vejo, porém, o quanto precisamos ainda melhorar para atingir os objetivos esperados e concretizá-los.".

As ruas estavam bastante movimentadas e barulhentas, com veículos e buzinas que chamavam a atenção de Carlos, fazendo com que ele se desligasse de seus pensamentos para dirigir o carro de forma segura.

Foi quando Clarêncio falou:

– Estamos diante de um dos modelos daqueles que abraçam a responsabilidade de orientar e conduzir as atividades de um estudo e outras tarefas, numa casa na qual alguns respondem por toda a instituição, com várias responsabilidades diante de compromissos que podem beneficiar a existência.

Carlos é um exemplo daquele que aprimorou o saber adquirindo responsabilidades sobre os outros, que, por sua vez, confiam em sua direção e exemplos. Poderíamos classificá-lo como um apóstolo da atualidade, e aqueles que o acompanham se encontram na condição de discípulos do bem.

Do primeiro, exige-se naturalmente dedicação e comprometimento na condução dos trabalhos, estudo aprofundado, desenvolvido por conta própria e um esforço perseverante, além do comum, para a aplicação das verdades abraçadas, atitudes que fazem com que ele ultrapasse a simples crença adquirida, com a possibilidade de desenvolver os sentimentos de amor junto a todos com quem convive no dia a dia. Poderíamos classificar pessoas assim como verdadeiros líderes de transformação, e é através desses dedicados amigos que os mentores espirituais atuam constantemente para se transformarem em exemplos vivos e espalharem a mensagem do alto com eficácia àqueles que buscam o alívio para suas dores, a consolação orientadora e o esclarecimento elevado que os direcione e incentive.

– Então serão eles espíritos elevados vivendo junto aos homens?

– Não poderemos classificá-los como espíritos elevados, pois eles têm uma missão específica e de envergadura maior, como é o caso de alguns companheiros que influenciam um número muito grande de pessoas como, por exemplo, e especialmente, Chico Xavier, que você conhece tão bem, caracterizado pela personificação da caridade e do amor aos semelhantes. Médiuns como Divaldo Franco, José Raul Teixeira e tantos outros também são verdadeiros divulgadores da palavra e da escrita mediúnica, isto só para termos uma ideia, em se tratando de trabalhadores comprometidos com a Doutrina Espírita na atualidade.

Personalidades como Dalai Lama, Krishinamurti, Deepak Chopra, Sai Baba, entre outros companheiros, estão influenciando as religiões no Oriente e no Ocidente, trazendo reflexões transformadoras para os homens. Lembramo-nos também dos corações amorosos de muitas mulheres como Madre Tereza de Calcutá, Irmã Dulce e tantos outros agentes que permanecem anônimos nos noticiários da TV, jornais e revistas. Poderíamos multiplicar ainda mais esse número se adentrássemos nos campos da ciência e da arte, já que todos estes que atuam de forma diferenciada na humanidade são manifestação da vontade do Pai na orientação dos homens.

Não são poucos os que poderíamos classificar como mensageiros do Alto, mas tomando o exemplo de Carlos como referência, encontramos homens e mulheres que foram preparados pelos planos espirituais para servirem de exemplo aos que principiam a jornada da transformação moral e não podem conviver diretamente com os poucos missionários da exemplificação coletiva. Estes encontram nesses corações o estímulo de renovação nos que ainda estão muito próximos de suas próprias necessidades e que, apesar de lutarem bravamente consigo mesmos, já possuem algo a mais para dar.

São companheiros que já sabem se conduzir com certo nível de acertos com seu esforço pessoal direcionado para a conquista da elevação espiritual, e possuem recursos para vencer os desafios que suas missões lhes propõem, bem como os obstáculos de ordem pessoal pelos quais, se bem cumpridos e vencidos, lhes marcarão na encarnação atual a condição de completistas.[1]

Além disso, candidatam-se como os futuros representantes diretos da renovação espiritual da Terra, pois trabalham pela fixação dos valores elevados em si por meio de suas próprias transformações íntimas que o orbe tanto necessita implantar.

Compreenderemos então que esse trabalho não acontecerá em uma única existência, mas contará com um número de encarnações que irão ultrapassar as necessidades de um mundo de provas e expiações, tornando-se um processo em linha reta de crescimento, realizado nos dois planos existenciais.

Silenciou por alguns minutos, e continuou:

– Chegará o dia em que todos nós, que adquirimos tantas experiências neste lado de cá da vida, contribuiremos diretamente para que o programa de elevação não seja feito apenas por nossos irmãos de redenção. Encontramo-nos na condição de espíritos em regeneração e estimamos também dar nossa contribuição para essa revolução planetária, em agradecimento a tudo que temos recebido da Miseri-

---

1 "Completista é o título que designa os raros irmãos que aproveitam todas as oportunidades construtivas que o corpo terrestre lhes oferece. [...] O completista, na qualidade de trabalhador leal e produtivo, pode escolher, à vontade, o corpo futuro, quando lhe apraz o regresso à Crosta em missões de amor e iluminação, ou recebe veículo enobrecido para o prosseguimento de suas tarefas, a caminho de círculos mais elevados de trabalho." Ver *Missionários da luz*, capítulo 12, autoria espiritual de André Luiz, pela psicografia de Chico Xavier - Editora FEB.

córdia Divina.

Não será uma felicidade efetivarmos, por meio de nossos esforços, a elevação da Terra à condição de um mundo superior, colocando um tijolinho nesse edifício em construção, proporcionando a essa morada a mudança necessária?

Ao ouvir a pergunta de Clarêncio, sorri, com satisfação e alegria, e respondi entusiasmado:

— Como não?! Seremos muito felizes se isso acontecer.

— Pois é para esse fim que estamos aqui nessa empreitada. Preparando-nos para voltar a esse palco onde tivemos muitas decepções e dores, bem como felicidades e aprendizados, junto a muitos corações que amamos tanto.

Todos nós somos os "Carlos" da vida, e precisamos restituir à Terra tudo o que ela nos deu e continua dando para que o nosso despertar espiritual aconteça. Partilhamos com nossos amigos encarnados a luta pelo bem, que é o objetivo maior d'Aquele que é o verbo do princípio[2]. Ele deseja ver esse planeta atingir as finalidades traçadas pela Sua sabedoria e amor, na perfeição adequada que O fará brilhar em direção ao infinito como moradia de luz e esplendor.

Dos olhos de Clarêncio desciam lágrimas que não ousei questionar, e parecia que sua visão se perdia em paisagens futuras que somente sua mente nobre poderia alcançar.

---

2 João, 1:1: "No princípio era o Verbo, e o Verbo estava com Deus, e o Verbo era Deus."

Capítulo 9

O desenvolvimento do lar regenerado

Depois de algum tempo, entrávamos na residência de Carlos para aproveitar a lição que seu exemplo poderia oferecer ao tema desta obra, a transição planetária.

Ali estava a representação característica de uma família moderna em seu apartamento de médio porte que dava para um grupo de cinco pessoas viverem bem. Vamos encontrar sua esposa, Ana, nos afazeres domésticos, preparando o jantar depois de também voltar de suas atividades profissionais. O casal tinha dois filhos, João, um menino de oito anos e Clara, uma menina de aproximadamente cinco anos. Enquanto as crianças se entretinham com brinquedos próprios da idade, Carlos foi tomar um banho para repor as energias.

O ambiente era acolhedor, harmônico, com vibrações calmantes e sustentadoras, transmitindo um padrão de paz em todas as dimensões, característico dos ambientes onde se realiza o Culto do Evangelho no Lar.

Observando o ambiente saudável, Clarêncio informou:

– Quando avaliamos a personalidade de alguém, podemos ver suas características nos ambientes em que essa pessoa mora, trabalha e movimenta-se com mais frequência. Você pode observar a qualidade fluídica deste ambiente, a harmonia existente entre os familiares, os objetivos consagrados pela família na boa utilização dos recursos e as reflexões de ordem elevada. Este é o princípio dos padrões familiares do futuro, no qual os objetivos bem delineados e o compromisso com qualidades morais superiores farão com que a existência seja bem aproveitada e útil. Esse núcleo familiar foi projetado com a missão específica de desenvolver essas condições, estabelecidas pelo plano maior. O casal e as crianças são companheiros vindos de nossa colônia, preparados para os trabalhos que agora cumprem com carinho e dedicação.

Ana é uma médium de qualidade e boa evangelizadora infantil que tem se dedicado com muito carinho às tarefas sob sua responsabilidade, como verdadeiro exemplo cristão. De todos da família, a que vem se ajustando com maior dificuldade é Clara, que vem pedir asilo e auxílio, iniciando dessa forma seu reajustamento desde cedo. A possibilidade de Ana abraçar as tarefas ligadas à educação moral de crianças surgiu para o seu coração como oportunidade de atender às necessidades da filha. Para não auxiliar apenas sua pequena, pensou em favorecer também outras crianças com o benefício que daria a ela.

Assim, sob a inspiração das lições de Jesus, e como uma família dedicada ao trabalho educador, abraçaram a tarefa desde que a pequena começou seus primeiros movimentos conscientes, demonstrando, pelos instintos e reações, uma necessidade de redirecionamento. Eles fazem desse trabalho um real sacerdócio, mostrando seu efeito não só em benefício daqueles que são instruídos pela sua atuação, mas também na aplicação dessas diretrizes em sua vida, abraçando os valores que pregam para a própria vida, facilitando a influência sobre as crianças com mais resistência em acolher os abençoados ensinamentos.

No início, a aceitação da filhinha aos trabalhos espirituais era mais difícil, em função da superficialidade no proceder, mas os ensinos vêm, aos poucos, tocando sua alma pelo amor dos pais comprometidos com os serviços de ordem superior. Hoje ela se tornou a assistente nas tarefas de evangelização, que incentivam nela uma pequena tendência para a prática do bem e amor ao seu próximo. Soma-se a isso a influência que a limpeza energética de sua aura tem recebido para transmutar as cargas estagnadas e desarmônicas que estão em seu perispírito e no seu corpo em desenvolvimento.

A família abraçou uma atividade assistencial, uma vez por semana, em que os filhos podem compartilhar do auxílio aos menos favorecidos e são ensinados, desde cedo, a sentirem compaixão pelo sofrimento alheio.

Hoje, as crianças já se sentem bastante familiarizadas com a tarefa que tem sido também uma forma de tocar algumas entidades do passado ligadas a eles por sentimentos de animosidade e cobrança, mas que, com o exemplo e a postura com que se aplicam às obras relacionadas ao bem e à caridade, acabam por tocar as fibras íntimas dos adversários para criar uma predisposição de mudança, diminuindo assim os anseios de vingança.

— São eles pessoas sem maiores problemas? Vivendo em meio a uma sociedade ligada aos padrões das provas e expiações, com tantas perturbações à sua volta, como não são influenciados?

— Mesmo nesse meio perturbado, podemos dizer que existem espíritos em condições de regeneração tanto quanto os habitantes dos planos da espiritualidade maior. Hoje, se existe algum vínculo desses amigos com os campos conturbados à sua volta, é por meio do auxílio a eles, da prática da caridade e da educação com a qual se comprometeram, seja pela evangelização ou pelas tarefas do bem, diminuindo dessa forma o estado de desarmonia que permanecerá por algum tempo ainda no Planeta.

Quando os trabalhadores reencarnam e estão realmente compromissados com as obrigações espirituais para as quais foram preparados na erraticidade fazendo delas o seu sacerdócio, já se encontram a caminho da libertação. É claro que não estamos falando de movimento religioso aparente ou de mera especulação daqueles que, em sua maioria, buscam essas fontes de sustentação para benefício próprio, sem se comprometerem de forma alguma com o que deveriam fazer para o bem geral. Esses são os que procuram as verdades apenas para receber dádivas em troca.

Olhando os movimentos religiosos da Terra, percebemos que muitos já se comprometem verdadeiramente em implantar seus princípios na própria existência e a expandi-los junto daqueles que lhes acompanham.

Não podemos classificá-los como missionários, na acepção exata da palavra, mas são seres compromissados com o bem e a verdade e farão a diferença neste cenário em constante mudança. Acendem uma luz em meio às trevas, servindo de farol para orientar as embarcações perdidas no agitado mar da vida, indicando portos seguros de trabalho e equilíbrio.

Clarêncio silenciou um pouco as considerações. Ficamos a olhar os acontecimentos daquela família exemplar que se dedicava ao estabelecimento da paz entre eles e também em favor dos outros.

Todos já estavam sentados à mesa para o jantar. Clara, a mais viva e esperta, perguntou ao pai:

– Papai, você vai sair hoje para fazer palestra?

– Não, minha filha, hoje papai vai ficar em casa com vocês, para podermos brincar. O que você acha?

– Que bom!

– Muito bem, Clara, mas agora é hora de comer – disse sua mãe, tentando fazê-la prestar atenção na comida.

Foi quando Joãozinho falou:

– Mas hoje não é dia do nosso culto?

– Não, meu filho, o nosso culto é amanhã, mas fico feliz em ver o quanto você está atento aos nossos momentos de estudo em família – respondeu Carlos, com carinho.

O jantar transcorreu tranquilo, sem nenhuma nota a mencionar, mostrando que, mesmo em um mundo com tanto desequilíbrio, existem pontos de luz, símbolos de ambientes familiares equilibrados.

Observando a cena familiar, Clarêncio voltou a esclarecer:

– Como é importante o compromisso abraçado pelos encarnados em relação às obrigações de ordem espiritual! Essas crianças não têm grande elevação espiritual, mas abraçam responsabilidades pelo ideal de se espiritualizar por meio da doutrina que estudam. Enfrentam as dificuldades comuns, apresentam tropeços aqui ou ali, o que é muito normal para os padrões da Terra, mas que em nada comprometem as suas reencarnações. Influenciados pelos princípios da Doutrina Espírita, aos quais abraçaram por livre-arbítrio e pelos pais que dão o exemplo pela própria conduta cristã, mostram que realmente querem crescer, que é possível obter a vitória sobre as dificuldades e que podem cumprir com os programas assumidos antes de reencarnar.

Muitos poderão dizer que eles não estão passando por provações mais fortes como doenças graves, falta de recursos materiais, dificuldades com preconceitos e outros tantos desafios que dificultam a existência de muitos. Não podemos avaliá-los de forma precipitada, tirando conclusões falsas. No estado em que se encontram, como muitas outras famílias, poderiam se perder por ilusões tão desafiadoras quanto os sofrimentos maiores, tais como a escolha por aproveitar exageradamente de tudo, desligando-se das obrigações e compromissos que envolvem a existência, adotando as futilidades das aparências sociais, o luxo exagerado, os desperdícios de recursos, os jogos do convencionalismo, as disputas de poder temporário e tantos outros desafios que parecem levar a um modo de viver mais fácil, mas se transformam em dores no amanhã.

Muitos acreditam que humildade é o mesmo que pobreza material ou um estilo de vida simples. Não percebem a riqueza que há em tudo, alimentando a ilusão de que o Universo é pobre e Deus busca seres miseráveis para representar o bem.

Para muitos crentes, a imagem de um Cristo pobre e simples em plena Judeia é padrão de vitória e elevação. Porém, precisamos entender que Jesus escolheu os exemplos da humildade por estar fundamentado em valores espirituais em oposição direta aos anseios de falsa grandeza e das aparências de uma felicidade irreal.

Se olharmos com profundidade, perceberemos que Deus é a inteligência suprema que desenvolve no espírito a capacidade de ser sem precisar se prender às aparências; à habilidade de saber usar as coisas sem depender delas, estando-se pronto para perdê-las quando necessário; à capacidade de agir pelo simples fato de tornar-se útil sem tentar ser respeitado ou lembrado pelo que fez. Toda riqueza ou grandeza nasce dentro de nós, mostrando a herança que trazemos de nossa origem.

Precisamos modificar nossos conceitos quanto às virtudes para que não venhamos a distorcê-las em suas verdadeiras características. Ser simples não é nos transformarmos em mendigos, mas saber lidar com sabedoria quando na posse das coisas, fazendo delas o que for preciso em benefício próprio e dos outros, em todos os seus potenciais. E, quando atravessarmos os momentos de escassez de recursos, precisamos nos tornar criativos diante do que temos, trabalhando sem nos sentir diminuídos ou carentes, em aspecto nenhum.

É bom saber da transitoriedade de tudo, mas devemos ser capazes de engrandecer todas as possibilidades, sabendo cumprir as determinações do Alto em relação ao que nos acontece. Desta forma, faz-se necessário rever os conceitos em torno desse tema tão importante, para que os valores essenciais emergentes do próprio ser não se transformem em mera especulação da moral vazia que se prende a uma visão externa de elevação e que, no fundo, representa nossa vaidade pessoal para aparentar quem na verdade não somos.

A postura de quem é verdadeiramente rico com o Pai é não depender de nada para sê-lo e :utilizar de tudo para o bem geral.

No mundo de regeneração, as doenças vão desaparecer porque os seres procurarão viver no equilíbrio e na harmonia do agir, pensar e sentir. Não haverá mais pobreza, pois todos buscarão ser sábios no "ter" e no "usar", tanto quanto saberão distribuir e dividir aquilo que não precisam ter. Não haverá mais ignorância, porque a sabedoria será o anseio de todos, e assim seremos as mãos de Deus operando na transformação do que nos cerca. Os sofrimentos deixarão de existir porque todos promoverão a felicidade geral, assim como buscam a sua própria.

Os encarnados e desencarnados se ajustarão às condições dos irmãos mais elevados, o que refletirá na harmonia do Universo, espelho vivo da vontade d'Aquele que nos criou.

Em comunhão com Seu amor, atuaremos no despertar das almas adormecidas para essa nova realidade sem a ansiedade perturbadora de querer mudá-las, deixando-as caminhar no ritmo dos próprios passos.

Procuraremos acordá-las para a felicidade que estamos vivendo, mas respeitando suas escolhas, mesmo que, temporariamente, o façam por roteiros obscuros que levam ao sofrimento. Tenhamos a certeza de que todos vencerão, pois este é o destino dos espíritos da Terra como também o de todos os seres deste Universo infinito.

Terminando assim suas reflexões, saímos daquele lar com um sentimento de que no futuro nosso planeta será um mundo regenerado.

"Jesus está sempre ao nosso lado,
principalmente nesses momentos de lutas
e aferição de valores morais."

Capítulo 10

O preparo nas escolas da espiritualidade para as lutas regeneradoras

Buscamos acompanhar outra pessoa do grupo de estudos daquela casa de trabalhos espirituais. Desta vez aproximamo-nos de um lar modesto, em que as dificuldades materiais eram visíveis, e encontramos Sérgio, um dos mais jovens trabalhadores que frequentavam as reuniões, buscando forças nas atividades do centro para enfrentar suas lutas pessoais.

Ao entrarmos em seu quarto simples, vimos o material de estudos do curso universitário que frequentava na parte da manhã, além de alguns livros espíritas para suas reflexões, todos guardados no canto de um velho móvel.

Como já era noite, o encontramos adormecido, e seu espírito já não estava presente por se encontrar em desdobramento nos círculos além da matéria.

Volitamos em sua direção e o vimos confabulando com uma entidade feminina de nosso plano. Clarêncio logo me informou tratar-se de sua mãe que já havia desencarnado e vivia em nossa colônia espiritual.

Fomos percebidos por ela, mas Clarêncio fez um sinal indicando que não nos faríamos visíveis a ele, de forma que poderíamos acompanhar a conversa sem precisar interferir.

Sérgio dirigia-se a ela em tom de angústia:

– Mas, mãe, não sei se conseguirei vencer as dificuldades que estão acontecendo lá em casa sem o apoio do papai que se entrega, cada dia mais, a aventuras ilusórias. Também não posso contar com o Ricardo que só se preocupa com ele mesmo sem dar atenção ao nosso lar que tanto precisa da sua cooperação.

– Não desanime, meu amor, nossas lutas estão apenas começando. Não se deixe levar por esses pensamentos angustiantes que atrapalham mais que auxiliam. Sua trajetória de crescimento e busca por uma consciência tranquila precisa desses desafios para que suas conquistas sejam verdadeiras. Somente com os deveres abraçados e a confiança em Deus poderemos chegar à vitória desejada.

– Mas, têm horas que me sinto tão sozinho! E com a sua falta, as dificuldades pesam ainda mais nesses momentos.

– Filho do meu coração, Deus sabe o que é melhor para todos nós. Se Ele achou melhor essa separação transitória é porque acredita que, tanto para mim como para vocês que lá ficaram, existem possibilidades de vencermos essas dificuldades. Elas nos farão melhores e mais capazes.

Transfira suas necessidades relacionadas à falta da minha presença àquelas mães solitárias e tristes, esquecidas pelos filhos do egoísmo e da indiferença. A doutrina que nos orienta e foi nosso recanto de segurança e trabalho é a fonte de inspiração para o que você precisa fazer. Jesus está constantemente ao nosso lado, principalmente nesses momentos de lutas e aferição de valores morais. Seja forte, filho querido. Procurarei estar ao seu lado sempre que possível.

Ao escutar aquelas palavras de reconforto, o semblante de Sérgio modificou-se e, como se quisesse voltar a ser criança, deitou-se no colo da amada mãezinha e logo adormeceu, sentindo e absorvendo as energias que saíam do coração materno em direção a seu espírito.

Clarêncio agradeceu a oportunidade de presenciar aqueles momentos de carinho e orientação entre mãe e filho e pediu permissão para levá-lo de volta ao corpo, ao que ela concordou com satisfação. Levando consigo aquele fardo precioso, em estado de sono profundo, Clarêncio aconchegou-o ao corpo, falando sem seguida:

— André, Sérgio é mais um amigo que saiu de Nosso Lar no intuito de resgatar o passado culposo e transformar a existência atual em um grande impulso para sua evolução espiritual e libertação.

Ontem, ele induziu muitos à queda pela capacidade intelectual que possuía, e dentre estes o pai e o irmão são os credores de maior necessidade de resgate. Pediu pelas dificuldades que enfrenta, principalmente diante dos compromissos assumidos com esses espíritos pelas infelizes escolhas que fez. Agora, inicia a sua jornada de soerguimento junto a eles, ajudando-os por meio de exemplos que deve dar e não poderão se limitar a meras palavras de doutrinação vazia, mas a comportamentos retos e aplicação da vontade perseverante no bem. Se Sérgio conseguir subir para níveis mais altos na sua evolução, poderá induzi-los a buscar as mesmas direções. Sua mãe, nomeada a tutora do auxílio, foi autorizada a recebê-los como filhos nessa oportunidade de lutas, mas só pôde dar essa contribuição, pois voltou para nosso plano há dois anos, em função da frágil saúde. Agora, teve permissão para acompanhar mais de perto o trabalho dessas almas que tem ligações com ela por longas experiências. Por ter créditos adquiridos nos trabalhos de renúncia e doação aos que sofrem, somados a experiências dessa última encarnação, ela granjeou o direito de intervir indiretamente, quando possível, em benefício de todos os envolvidos nessa trama.

Assumindo o papel de anjo da guarda, ela estará mais perto de Sérgio, e poderá auxiliá-lo no cumprimento de sua programação reencarnatória pela vitória sobre si mesmo, abrindo com isso oportunidades para, no futuro, seu pai e irmão fazerem também o mesmo trabalho de renovação a que todos somos chamados um dia.

Sérgio é o exemplo de muitos companheiros que, nesse momento de mudanças, poderão aproveitar as circunstâncias proporcionadas pelas lutas para obter sua espiritualização no serviço de auxílio aos que sofrem e ao estudo nobre aos quais devem se dedicar, pois são recursos para a vitória pessoal, candidatando-se pelo trabalho a permanecer no planeta quando a Terra estiver renovada.

Fez diversos cursos nas escolas de Nosso Lar e traz potencial de inteligência para ser um cooperador nas tarefas de divulgador doutrinário, como expositor espírita. Em momento específico, desenvolverá a inspiração e a intuição, fazendo-se instrumento dócil nas mãos dos companheiros que poderão usá-lo como intermediador das verdades superiores.

Assim como Sérgio, muitos companheiros foram preparados para divulgar as elevadas mensagens espirituais e as transformarem em fertilizante, fortalecendo as almas no enfrentamento das dificuldades. Esta atividade se intensificará à medida que a Terra se aproximar mais intensamente dos dias de transição.

Se Sérgio continuar comprometido, como tem feito até agora, com a assiduidade nos estudos que frequenta naquela casa de caridade e não se sentir abatido pelas lutas a serem enfrentadas, principalmente relacionadas aos desafios materiais, estará, paulatinamente, mais apto ao despertar desses potenciais acumulados nas experiências de nosso plano. As dificuldades materiais são necessárias para sua experiência pessoal e estarão sempre presentes em sua vida, a fim de que não fuja das obrigações que abraçou em sua programação reencarnatória. Ao viver com mais simplicidade, ele enriquecerá não só a si mesmo, mas também as pessoas que, sedentas de orientação superior, vão buscar em suas palavras os valores sagrados.

No futuro, ele encontrará uma companheira de trabalhos espirituais que o ajudará a se sustentar nessa empreitada e, se tudo correr como o planejado, voltará à nossa realidade com créditos para abrir outros horizontes de atuação e desenvolvimento, a fim de produzir as asas que o farão voar além dos campos dolorosos dos resgates expiatórios.

Por alguns momentos, ficamos olhando aquele amigo profundamente adormecido junto ao corpo, quando Clarêncio arrematou:

– Vamos! Amanhã acompanharemos seus passos na intenção de ajudá-lo em alguns detalhes. Procuraremos, contudo, deixar as coisas caminharem conforme as diretrizes do Alto em benefício de sua paz.

Capítulo 11

A mudança dos padrões mentais é fonte de regeneração

No dia imediato, logo pela manhã, quando entramos no lar de Sérgio, o encontramos tomando o seu café, sozinho e entregue a seus pensamentos: "Como será que conseguirei trabalhar hoje? Sinto que estou ficando preocupado com as atividades da faculdade que preciso fazer, mas estou quase sem tempo. É difícil viver assim, tendo que estudar de manhã, trabalhar à tarde e ainda ter minhas obrigações espirituais quase todas as noites. Mas não tem problema, hoje me levantei mais disposto, parece que sonhei com mamãe que dizia estar comigo nesta minha luta."

Aniceto aproveitou que ele se abriu para pensamentos positivos e colocou a mão em sua cabeça, sugerindo que fizesse uma leitura edificante para começar aquele dia.

Imediatamente, sob o influxo energético do mentor, ele pensou: "Estou precisando de uma leitura inspiradora para começar o meu dia. Quem sabe assim eu possa me sentir melhor!".

Pegou um livro de mensagens e abriu "por acaso" numa reflexão sobre o mal que o pessimismo, os pensamentos negativos e as emoções perturbadas nos causam, criando uma visão distorcida da existência. Que é necessário mudar a disposição íntima para encarar os fatos em que a irritação e a reclamação são princípios de doenças mentais graves.

Ficou pálido com a mensagem tão clara para seu comportamento naquela manhã e, como em outras vezes, pensou consigo mesmo: "Eu estou apenas começando e já estou assim reclamando, alimentando esse estado negativo e com isso vou acabar atraindo companhias espirituais de baixo padrão. Isso eu não quero para mim. Está decidido! Tive uma ideia! Para começar bem as minhas atividades diárias, vou ler uma página como esta todos as manhãs e meditar sobre seus ensinamentos.".

Demonstrando uma mudança de atitude, foi pegar seu material escolar e saiu para suas obrigações estudantis. Era interessante perceber que parte de seus raciocínios tinha algum conteúdo recebido pela mãe em sua conversa no nosso plano como se fosse uma intuição.

Foi quando Clarêncio falou:

– Perceba nesse exemplo como muitas pessoas começam o dia. Com um conflito íntimo intenso, no qual os pensamentos e as emoções se atritam constantemente, predispondo a mente a choques perturbadores e causando doenças e influências espirituais obsessivas. Podemos perceber o grau de inconsciência das pessoas sobre esse fenômeno regular da mente, que produz um estado generalizado de desequilíbrio emocional nos homens.

Os orientais estudam o tema com maior profundidade e procuram, com o exercício da meditação, entender melhor o funcionamento da mente. Já os ocidentais, que possuem uma característica mais racional, alimentam-se muito de pensamentos e emoções, e até se entretêm com eles, criando um verdadeiro mundo paralelo em torno de si, com suas fantasias e imaginações. Não percebem esse núcleo contínuo, a nascer de si mesmos, que sustenta as vibrações circundantes e mantém o padrão vibratório do campo mental humano que envolve o planeta.

A Terra possui uma aura energética constituída pelo conjunto de pensamentos e emoções de todos os seus habitantes, sejam eles encarnados ou desencarnados. Mas, conforme a sintonia existente entre os interesses comuns, haverá níveis com uma qualidade vibratória diferente, nos quais encontramos as diversas regiões psíquicas em conformidade com os núcleos que as sustentam.

Os abismos encontram-se em condições fluídicas muito mais densas e conturbadas que os ambientes do Umbral. Estes, por sua vez, diferem das vibrações de Nosso Lar. Você sabe muito bem que nossa colônia precisa manter-se em um clima de harmonia e paz, e cada um deve fazer sua parte para sustentar essa realidade com nossos pensamentos mais nobres, conversações sadias e emoções educadas. Excetuando os espíritos acolhidos no Ministério da Regeneração e no Ministério do Auxílio, que não compreendem essa necessidade, todos os integrantes dos demais Ministérios já são conscientes quanto à importância desse comportamento. Sabemos que o que pensamos e sentimos afeta diretamente a atmosfera ao nosso redor e, para não sustentarmos desequilíbrios e perturbações, precisamos estar vigilantes e operantes.

Esse ato de estudar atentamente a qualidade de nossos pensamentos e emoções, que representam nossa vida mental, é um dos primeiros trabalhos para desvendar os segredos da existência.

A maioria das pessoas ainda espera que este trabalho de descoberta venha de fora e, iludidos, acreditam que as coisas mudarão por essa vertente de acontecimentos. Não veem que Jesus nos convidou, há mais de dois mil anos, para uma reforma no nosso modo de viver, dizendo-nos que não se chega ao Reino dos Céus pela aparência exterior e, sim, este será construído a partir da nossa própria intimidade. É necessário realizar o autoconhecimento para desvendar a realidade profunda.

As entidades inferiores que procuram apoderar-se da mente dos homens aprenderam a fazer isso estudando minuciosamente seus pensamentos, pesquisando suas tendências, anotando suas palavras nas conversas e com isso acham os pontos fracos pelos quais criam vínculos de exploração iniciando, a partir daí, uma simbiose mental perturbadora.

Da mesma forma, precisamos estar naturalmente atentos para as produções de nossa mente, inventariando todos os pensamentos e emoções, para nos conhecermos de verdade. Jesus disse para vigiarmos esse núcleo, pois é através dele que nos aproximamos da realidade divina, já que Deus é o centro maior da criação.

Assim, é por meio de nosso núcleo mental que criamos e influenciamos o que nos cercam. Conforme o que plasmamos, poderemos afirmar se estamos próximos de Deus ou regidos pela nossa animalidade, que persiste em predominar em nosso mundo íntimo.

Dar vazão à raiva pelos pensamentos, palavras e atitudes é sustentar essa natureza inferior, aumentando seu poder em contraposição aos recursos mais nobres. Dessa forma, quando nossos pensamentos e emoções materializam mágoas, raivas, invejas, desesperos, medos e ciúmes, estamos dando a eles potenciais de crescimento e poder de comando sobre nós para solucionarem os desafios que nos chegam.

Porém, com esse fundo perturbado, os desafios acabam se transformando em problemas.

No Apocalipse de João, vamos encontrar uma figura que simboliza este aspecto – o dragão –, que é quando damos asas a nossos pensamentos e ações sustentados por essas energias básicas de sobrevivência animal. Precisamos alterar os recursos utilizados diante dessas ocorrências desafiadoras e acionar, no lugar deles, o bom senso, o diálogo e a razão esclarecida, juntamente com sentimentos de compaixão e amor, os verdadeiros propósitos humanos, dando características diferentes à capacidade de lidar com as situações e pessoas.

Assim, quando o espírito estagia no reino humano, deve encarar os acontecimentos acionando esses recursos positivos, até que possa se aproximar de sua natureza divina, sublimando e desenvolvendo novos recursos e capacidades, fazendo-se intérpretes da vontade do Criador. Esses potenciais só se desenvolverão quando não mais estiverem subjugados pelas forças inconscientes dos seus impulsos e emoções desgovernadas.

O caso de Sérgio é igual ao de todos que ainda não acordaram para essa realidade criadora, esperando encontrar o espírito nas manifestações mediúnicas, nas materializações espirituais, nos fenômenos extraordinários, e esquecem de encontrá-lo em sua intimidade, como núcleo do ser, por meio do estudo íntimo que se expressa no autodescobrimento. Sem buscar esse caminho interior precisam de um muro de arrimo nas leituras, orações e estudos para disciplinar a mente e caminhar com maior segurança.

Clarêncio silenciou por alguns minutos, favorecendo meu entendimento de tão sublimes ensinamentos para, mais adiante, acrescentar:

– Deixemos nosso amigo com suas obrigações imediatas e esperemos que se habitue a fazer uma leitura edificante para começar o dia, pois isso já será um medicamento poderoso contra a queixa e o azedume, fatores básicos da revolta que alimentamos inconscientemente.

Voltemos à residência de Márcia para ver se as coisas estão se desenrolando de forma natural no que diz respeito ao desenvolvimento do corpo físico de Lísias.

Já fizemos nossa parte junto de nosso companheiro e, se ele fizer desse hábito uma tarefa para sua vida, terá muitos ganhos. Por nossa vez, poderemos influenciar outros leitores dessas anotações no sentido de assumirem o mesmo projeto de percepção de si mesmos, com tanta entrega que aprenderão a fazer uma faxina interna sem precisar pensar negativamente. Ao trabalhar seus conflitos, deixam de lançar seus lixos mentais, evitando, assim, prejudicar o próprio ambiente psíquico e o do orbe, deixando de criar zonas de doenças e obsessões que os acompanhariam.

Não foi à toa que Jesus nos disse: "Vós sois a luz do mundo."[1].

---

1 Mateus, 5:14.

"Dia virá em que todas as tarefas espirituais serão feitas com o mesmo nível de responsabilidade e compromisso que as de ordem material."

Capítulo 12

Os trabalhos espirituais serão tão importantes quanto os profissionais

Rumamos em direção à futura casa de Lísias. Ao chegar, pudemos perceber que as coisas corriam tranquilamente, a gestação estava se desenvolvendo dentro do esperado em função da sintonia existente entre mãe e filho, vinculados pela longa trajetória de convivência entre ambos.

Normalmente, nos primeiros dias da maioria das gestações, surgem ocorrências de mal-estar devido à adaptação dos fluidos mentais e perispirituais do reencarnante com a mente da mãe. Essas ocorrências permanecem até que se ajustem os psiquismos de ambos, apresentando uma troca de sustentação e equilíbrio. Se os reencarnantes não tivessem suas consciências tamponadas, criariam sérios problemas para suas futuras mães, que se sentiriam verdadeiramente esquizofrênicas, pois teriam uma sensação de múltiplas personalidades.

Para evitar este distúrbio, a providência divina proporciona o adormecimento e o encolhimento do perispírito dos que estão voltando para melhor adaptá-los à condição de hibernação temporária. Seu despertar completo[1] só se dará ao longo do desenvolvimento físico e psíquico que se consolidará na pré-juventude[2], por meio das crises de identidade decorren-

---

[1] "Temos, assim, mais ou menos três mil dias de sono induzido ou hipnose terapêutica, a estabelecerem enormes alterações nos veículos de exteriorização do Espírito, as quais, acrescidas às consequências dos fenômenos naturais de restringimento do corpo espiritual, no refúgio uterino, motivam o entorpecimento das recordações do passado para que se alivie a mente na direção de novas conquistas." *Religião dos espíritos*, capítulo 45, autoria espiritual de Emmanuel, psicografado por Chico Xavier - Editora FEB. (N.E.)

[2] "Aos catorze anos, aproximadamente, de posição estacionária, quanto às suas

tes das lutas íntimas entre as aquisições do seu passado e as conquistas atuais, devidamente direcionadas pela educação recebida com a finalidade de modelar as características de sua nova personalidade.

O estudo aprofundado desse processo de transição personalística deixaria extasiados os psicólogos modernos, que, sem o entendimento da imortalidade da alma e as múltiplas existências, ainda se encontram muito distantes de compreender a mente e seus complexos mecanismos de exteriorização. Esses mecanismos produzem diversos aspectos doentios, conforme as forças que predominam no funcionamento psíquico de uma pessoa.

Estávamos, porém, diante de uma reencarnação que apresenta uma boa sintonia, baseada no amor. A tendência para o futuro é que essa seja a característica do maior número dos renascimentos da Terra, já que os de cunho expiatório estão com os anos contados.

Era impressionante ver amigos tão queridos revestidos por novas roupagens corporais, nomes e afazeres. Notava a maturidade de nossa irmã Márcia que conhecíamos muito bem sendo a antiga Laura, com todo aquele cabedal de recursos adquiridos em sua passagem por Nosso Lar e pelo auxílio doado em favor do próximo.

Foi quando Clarêncio me tirou dessas reflexões, ponderando:

---

atribuições essenciais, recomeça a funcionar no homem reencarnado. O que representava controle é fonte criadora e válvula de escapamento. A glândula pineal reajusta-se ao concerto orgânico e reabre seus mundos maravilhosos de sensações e impressões na esfera emocional. Entrega-se a criatura à recapitulação da sexualidade, examina o inventário de suas paixões vividas noutra época, que reaparecem sob fortes impulsos." *Missionários da luz*, capítulo 2, autoria espiritual de André Luiz, psicografado por Chico Xavier - Editora FEB.(N.E.)

– Nossa amiga Márcia, hoje, é a responsável direta, junto de seu marido Marcos, pela direção de uma das instituições espíritas dessa grande cidade, e vem desempenhando suas atribuições muito satisfatoriamente.

Encontramos cada vez mais aqueles que saem das instituições espirituais com possibilidades de acertos muito grande, materializando as lições vividas e aprendidas em nosso plano e mostrando que nossa atuação não é infrutífera. Muitos deles se tornam líderes ou exemplos vivos de dedicação e empenho e acabam por influenciar outros que se encontram no meio do caminho e ainda precisam de alguém que lhes mostre o que fazer e como, auxiliando-os a se manterem nas linhas do trabalho e dos compromissos assumidos antes de seu retorno ao mundo material.

Hoje acompanharemos mais diretamente os trabalhos organizados por Márcia e Marcos na casa onde buscam consolar, esclarecer, auxiliar e aperfeiçoar aqueles que lhes cruzam o caminho, buscando as portas dessa instituição de caridade na esperança de encontrarem paz e segurança. Agindo assim, aperfeiçoam a si mesmos.

Márcia estava se sentindo muito bem com relação à gestação e vamos encontrá-la nesta manhã, depois que sua filha já estava na escola, dedicando-se aos compromissos do seu dia. Entre esses compromissos, estava a preparação de uma aula de evangelização infantil a ser realizada no mesmo horário da reunião dos adultos. O tema que deveria ser trabalhado era "Respeito à natureza" e ela já estava lendo alguns livros que lhe inspirariam na organização da aula.

Suas reflexões giravam em torno do agradecimento que devemos ter perante tudo que recebemos do Pai, desde o nascimento, a alimentação, a vestimenta, o zelo de todos pelo bem-estar social, bem como pela própria natureza, que é uma mãe abençoada.

No final, chegou a algumas conclusões sobre a Providência Divina: "Levarei para as crianças algumas reflexões sobre o quanto temos recebido e o quanto temos que agradecer a Deus que nos fornece tudo isso.".

Enumerou algumas abordagens sobre o respeito pelas coisas, tais como a escova de dentes para os cuidados pessoais; o guardar e arrumar seus pertences, brinquedos e matérias escolares; o uso sem desperdício da água e dos alimentos; o quanto é importante respeitarmos a vida e outros tantos exemplos. Dessa forma elaborou a aula, ficando apta a executar a tarefa com presteza.

O horário dedicado a essa preparação passou sem que ela sentisse, mostrando-nos que quando fazemos alguma coisa com dedicação e carinho, não percebermos o tempo passar.

Observando suas atividades, Clarêncio falou:

– Dia virá em que todas as tarefas espirituais serão feitas com o mesmo nível de responsabilidade e compromisso que as de ordem material. Nas tarefas doutrinárias, muitos ainda se encontram na condição de atuar com base na boa vontade, cumprindo-as com a mesma sensação que apresentavam nos campos religiosos do passado, como se fossem obrigações convencionais. Por representar uma tarefa não remunerada, fica a impressão errada de que se pode executá-la de qualquer modo, sem um compromisso real, diferentemente do exemplo que estamos vendo na experiência de Márcia.

Muitas pessoas nem percebem que serviços dessa natureza representam aspectos muito sérios ligados ao seu futuro e ao daqueles que influenciam, de forma direta ou indireta. O homem ainda persiste em manter-se como uma eterna criança, esperando que a vida faça tudo por ele. Mas virá o momento em que assumiremos nossa parte no concerto da criação. Somos peças de uma gigantesca engrenagem, e temos fundamental importância no seu funcionamento de forma harmônica e útil.

É necessário acordar para nossas responsabilidades como seres cocriadores, por sermos filhos legítimos de Deus. Ao assumir essa postura, despertaremos para o desenvolvimento da inteligência, apropriando-nos de nossa herança divina para mudar as condições da existência exterior e desenvolvendo os recursos a serem aproveitados em benefício de todos.

Todos os que abraçam uma tarefa espiritual estão, no fundo, voltando a comer do fruto da "árvore da vida" que estava no meio do jardim do Éden[3], da qual Adão (razão) e Eva (sentimento) comeram, e assim tiveram seus olhos abertos para o desenvolvimento de suas possibilidades íntimas.

Agora, com a consciência mais esclarecida e operando as forças criadoras, voltamos a ter a permissão de nos alimentar daquele fruto novamente. Mas, como está escrito, uma espada flamejante estaria protegendo esse lugar sagrado e só quando o homem estivesse pronto poderia

---

3 Gênesis 2:9: "E o Senhor Deus fez brotar da terra toda a árvore agradável à vista, e boa para comida; e a árvore da vida no meio do jardim, e a árvore do conhecimento do bem e do mal."

comer de novo o fruto daquela árvore,[4] que representa as forças superiores a serem utilizadas para finalidades nobres e elevadas.

O terreno protegido pela espada flamejante está localizado na própria intimidade do ser, na sua qualidade de espírito que usará a inteligência, refletindo naturalmente o movimento do Universo que nasce da mente de Deus.

Quando abraçamos esses trabalhos superiores que transcendem a realidade material e os interesses imediatos, entramos no setor em que todos os seres conscientes e esclarecidos atuam como cocriadores em planos maiores e usam as forças emanadas pelo Criador para construir os impérios estelares e as possibilidades de desenvolvimento dos espíritos, em todos os graus evolutivos em que se encontram.

Trabalhar dessa maneira, seja nos centros espíritas ou nas diversas instituições religiosas que se encontram espalhadas no orbe, é conquistar material de qualidade superior. E a responsabilidade exigida aos que se candidatam a abraçar essas tarefas é ter uma atitude de profundo respeito, santificando-as e fazendo delas seu ministério divino.

Palestras, estudos, tarefas assistenciais, trabalhos mediúnicos, de cura, de organização de um templo religioso e todas as ocupações deste teor são mananciais de vida que devemos assumir com a responsabilidade que elas merecem. Devemos lembrar ainda do personalismo e da vaidade, posturas inadequadas aos tarefeiros. Exaltemos, pois, a importância

---

4   Gênesis 3:3: "Mas do fruto da árvore que está no meio do jardim, disse Deus: Não comereis dele, nem nele tocareis para que não morrais."

dessas atividades e não de quem as executam.

No momento em que a luz do trabalho começa a aparecer como efeito positivo pelo que proporciona às pessoas, surge também uma claridade em nós. Nesta hora, precisamos apagar nossa própria luz, pois só assim Deus atravessará nossa intimidade. Devemos ter lucidez quando buscamos trabalhos dessa natureza no preenchimento de nossas ocupações. Dia virá que os valores despertados, ao executar esses trabalhos, se transformarão em qualidades naturais e aparecerão naturalmente em nossos comportamentos do dia a dia, seja na profissão, no lar ou na sociedade, implantando em nossa alma um estado de adoração permanente que se manifestará por uma fé viva no templo da existência.

Clarêncio calou-se, envolvido por essas reflexões, e não ousei interrompê-las. Procurei sentir no meu coração a mesma paz que encontrei em seu semblante.

Capítulo 13

A reencarnação sairá do padrão de prova e expiação

À tarde, Márcia distraía-se com sua filhinha de 5 anos, acompanhando-a nos exercícios escolares básicos.

Ao observá-las, eu refletia comigo mesmo sobre as condições da vida física que agem com imperiosa força bloqueadora da realidade incorpórea, proporcionando uma intensa identificação com a nova personalidade, imprescindível para o sucesso da existência, envolvendo os seres de uma forma tão patente que gera uma sensação extremamente real de que somente a condição material existe.

O homem comum está bastante subjugado por essas sensações e se entrega à experiência física, vivendo com tal intensidade os seus anseios de prazer que não se abre para reflexões de ordem superior. Mesmo assim, devemos agradecer pelas sementes plantadas no trabalho religioso.

Clarêncio, como se estivesse "lendo" minhas reflexões, esclareceu:

– André, sabemos que a reencarnação, na maioria das vezes, promove um tamponamento quase total do potencial divino que o homem traz. Um estudioso das ciências psicológicas não poderia, com um simples olhar, perceber facilmente a natureza da mente para determinar a totalidade da sua estrutura.

Pouco antes de mergulhar no cenário material, o ser já se encontra submetido ao esquecimento de seu passado milenar, mantendo uma inconsciência dos registros e aquisições localizados na estrutura nomeada de maneira subconsciente, mas que ainda trazem consigo um campo de recursos e aprendizados que marcaram sua personalidade imortal, acrescido pelas experiências recém-aprendidas nas instituições do plano extrafísico.

Quando renascem, sentem o choque desse mergulho, em que é apagado um amplo aspecto de sua memória. Surge assim uma nova área de subconsciência além daquela que já carrega consigo em sua infinita trajetória evolutiva. Esta subconsciência é mais superficial do que a preexistente porque obedece às leis que regem a matéria bruta, necessária para se aprender uma nova linguagem, adaptar-se a outros costumes, a uma cultura diferente e assim formar uma nova personalidade encarnada, cuja expressão é seu consciente ativo e desperto. Esse estado de consciência é um raio de luz que emerge do subconsciente rico de recursos, que se expressam como impulsos automáticos ligados à linha evolutiva do passado.

Somente os que se encontram em planos mais elevados conseguem, por sua força interior, vencer essas resistências de ordem material, deixando traços de sua natureza mais profunda atravessar esse túnel de impedimentos, de tal forma que seus conscientes apresentem características incomuns, de personalidades mais espiritualizadas.

Na atualidade, quando vemos pessoas com expressões de genialidade, podemos afirmar que muitas delas conseguiram imprimir seus potenciais adquiridos na repetição das experiências, ressaltando que são sempre ajudados pelas equipes espirituais a fim de que esses valores não sejam tamponados e a claridade de suas luzes atravesse com mais facilidade os véus espessos do esquecimento. Por isso se destacam como seres excepcionais em comparação com a experiência comum.

Observamos nossa amiga Márcia com predisposições naturais para agir nas escolhas que faz, mostrando uma espontaneidade nas diversas áreas de trabalhos a que hoje se entrega e que são o reflexo do que ela fazia em Nosso Lar, antes de nascer.

Além disso, possui maior resistência moral para não atender aos convites imediatistas dos anseios terrestres, comuns à sua geração, e sua mente aceita com muita facilidade os conceitos elevados da Doutrina Espírita como se já os conhecesse, operando naturalmente nas tarefas beneficentes. Com essa postura, dá continuidade àquilo que fazia em nosso plano além da matéria.

Tudo isso serve para mostrar que, como candidatos às futuras reencarnações, podemos também dar continuidade aos encargos iniciados aqui sem, com isso, apresentar um padrão de genialidade profunda, manifestando assim uma predisposição de alimentar os padrões que nos sustentam hoje, fixando-os em nós, progressivamente, para despertá--los da própria intimidade, que é a sua fonte verdadeira.

Esses recursos são luzes da personalidade de nossa Laura atuando na condição de Márcia, fundamentando características de uma na outra para formar um novo ser até que, com o tempo, e atuando sob outras condições, ultrapasse os nomes e as formas e viva cada vez mais a qualidade profunda do ser essencial que é, sem se prender tanto às expressões do tempo e às circunstâncias materiais. Não consegue atuar com a consciência completa de Laura, mas se molda à Márcia que passa a ser, daqui para a frente, uma dinâmica ampliadora para uma individualidade desapegada de marcas pessoais.

A própria estrutura reencarnacionista trabalha com leis que atendem a essa forma modeladora porque a matéria é predominantemente mais forte que as forças nascidas do espírito no seu potencial de criação, por causa das condições evolutivas da terra até agora. Por isso mesmo a herança genética dos pais tem uma ação acentuada na formação dos corpos dos filhos. Encontramos patologias congênitas ainda tão naturais entre eles que, neste contexto, percebemos o reencarnante transmitindo algo para o futuro corpo, principalmente os núcleos perturbados de seu passado, com o potencial magnético muito similar ao campo vibratório da matéria, que se manifesta ao longo de sua jornada física. É assim que essas distonias de ordem inferior estão muito próximas da realidade material, em sua estrutura atômica e na forma de funcionar, expressando-se naturalmente nessa realidade.

Já as vibrações que nascem de uma ordem superior, como nos casos de amigos que granjearam direitos e méritos no mundo causal, necessitam de novas leis de renascimento para mudar as realidades atômicas e materiais do atual padrão que a Terra oferece. É por isso que, ao reencarnar, precisam de nossa intervenção direta para usufruir desses recursos em seu próprio favor.

Onde quero chegar com isso tudo? Quero esclarecer que, neste trabalho de transição planetária, uma das coisas que mudará e que já está sendo implantada no orbe é a característica reencarnacionista. Os renascimentos na Terra sairão do padrão de mundos de prova e expiação para se afinarem a padrões de mundos elevados que favoreçam a predominância do espírito sobre a matéria, processo este que pede novas leis de ação material dentro da dinâmica de funcionalidade. Este projeto está nas mãos dos responsáveis por essas mudanças que devem se fixar no orbe por volta do primeiro centenário do milênio que nasce.

Os mecanismos da nova era estão subordinados a uma alteração profunda. Até que sejam estabelecidas essas características, outras perspectivas relacionadas à vida humana se transformarão também para consolidar a evolução dos aspectos espirituais que o planeta apresentará em seu futuro.

Tudo mudará vertiginosamente. As necessidades, as estruturas perispirituais e neuropsíquicas, o trabalho, o tempo, as características sociais e os próprios recursos da natureza material se tornarão bem mais sutis. O que chamamos de regeneração é exatamente essa mutação de realidades dos mundos que saem de protótipos materiais para os de condições espirituais. É por isso que os homens modernos, nas suas pesquisas junto a outros mundos, não conseguem ver além do que suas condições materiais permitem, sem poder perceber os aspectos transcendentes que marcam as naturezas reais dos outros orbes. Enquanto permanecer com esse comportamento imediatista na maneira de pensar e agir, o homem terreno estará longe de antever a grandeza do Cosmos com os olhos do espírito.

Clarêncio parou por alguns minutos para coordenar as ideias e continuou:

FUTURO ESPIRITUAL DA TERRA

– André, um dia os traços do velho mundo não serão mais encontrados, e os homens do amanhã quase não compreenderão porque apresentam características tão diferentes das que eles tinham no passado.

Dessa forma, vamos entender que há leis diferentes regendo o mundo material, o semimaterial e o divino, bem diferentes entre si. Faz-se necessário acrescentar que o próprio ser é o agente mais importante de tudo isso, pois é nele que essas verdadeiras mudanças devem ocorrer para somente depois os mundos se adaptarem às suas condições e se ajustarem à realidade maior, entrando em comunhão com as forças universais que o levarão sempre à felicidade imperturbável.

Allan Kardec perguntou aos espíritos sobre as condições da sutilização do perispírito[1] e eles responderam que esta é a condição dos espíritos puros. Acrescentaram que esta realidade seria antes a da felicidade eterna[2] dos que não mais se perturbam com as mesquinhas preocupações humanas.

Calou-se o mentor, numa atitude de veneração à Sabedoria, e assim continuamos junto daquele lar que também nos pertencia, pelos laços de afinidade que tínhamos com aqueles corações amados.

---

1 "Haverá mundos onde o Espírito, deixando de revestir corpos materiais, só tenha por envoltório o perispírito? – Sim, e mesmo esse envoltório se torna tão etéreo que para vós é como se não existisse. Esse o estado dos Espíritos puros." *O livro dos espíritos*, questão 186 - Allan Kardec - Editora FEB.

2 "Não seria mais exato chamar 'vida eterna' à dos Espíritos puros, dos que, tendo atingido a perfeição, não têm mais provas a sofrer? - Essa é antes a felicidade eterna. Mas isto constitui uma questão de palavras. Chamai as coisas como quiserdes, contanto que vos entendais." *O livro dos espíritos*, questão 153a - Allan Kardec - Editora FEB.

"Os serviços de evangelização infantil,
os estudos que tem por objetivo o
desenvolvimento da instrução espiritual
e as reuniões públicas são trabalhos
em evidência sobre os outros."

Capítulo 14

A instrução espiritual prevalecerá sobre as outras

Ao fazermos o acompanhamento das atividades da noite na instituição espírita onde a família de nossos amigos atuava, Clarêncio e eu nos encontramos com alguns companheiros da Colônia Nosso Lar que tinham trabalhos na casa. Entre eles estava Joel, que nos recebeu logo na entrada com um semblante tranquilo e olhar penetrante:

– É um prazer enorme tê-los junto a nós! Em que podemos ser úteis?

Após abraçar Joel afetivamente, Clarêncio respondeu:

– Viemos ajudar na reencarnação de nosso amigo Lísias e estamos aproveitando a oportunidade para refletir sobre o tema da transição planetária. Queremos que nossos irmãos reflitam e aproveitem nossas observações para criarem condições íntimas de se comportar adequadamente diante dos desafios que os atuais momentos de mudança impõem. É necessário que se coloquem como instrumentos passivos na recepção de nossas intuições e ativos na sua aplicação, criando uma sintonia com nossas tarefas de auxílio, aproximando os acontecimentos dos objetivos traçados pelo alto.

– Que bom! Todos nós temos responsabilidades nesse campo e, quanto mais centrados nos objetivos do bem e em nossa reforma íntima, mais fáceis serão esses momentos.

– É por isso que precisamos esclarecer nossos amigos encarnados a fim de que venham somar seus esforços com os nossos.

– Fiquem à vontade e, se precisarem de mim ou de nossa equipe de trabalhadores, é só falar.

Entramos naquele grande prédio com intensa movimentação nos dois planos existenciais. Enquanto Márcia se dirigia com a filha para o setor de evangelização infantil, acompanhamos Sandro, responsável pela direção da casa, que naquele momento tomava decisões administrativas para depois se dirigir ao salão principal e realizar a palestra da noite.

Naquele momento, ele administrava as obrigações materiais e organizacionais da instituição, que tem seus desafios de subsistência e manutenção. Para continuarem operando com o necessário, buscavam recursos financeiros por meio de doações de seus membros, sócios e, de vez em quando, de colaboradores anônimos. Faziam eventos entre seus membros, criando assim uma oportunidade de confraternização entre eles e de arrecadação de recursos complementares.

Sem nos prender a esses assuntos, nos dirigimos ao salão principal que já começava a se encher de pessoas que vinham assistir à palestra da noite, bem como de uma quantidade enorme de desencarnados que, em número expressivo, acompanhavam os nossos amigos encarnados. Alguns deles eram trazidos por trabalhadores do nosso plano pela necessidade de assistência; outros eram meros curiosos que entravam pelas portas da instituição em função do grande movimento que ocorria.

Os grupos de trabalhadores do nosso plano organizavam-se para os tratamentos, seja auxiliando as equipes de passe dos encarnados ou realizando o resgate desses irmãos para levá-los às organizações mais especializadas de nossa esfera, que tinham por objetivo o esclarecimento e a recuperação da saúde.

Observando toda essa movimentação, Clarêncio falou:

– Os centros espíritas de hoje estão muito ativos e vêm realizando tarefas em favor do auxílio humano e espiritual. Transformaram-se em verdadeiros instrumentos do bem. Mesmo que a maioria dos que lhes batem à porta traga consigo necessidades materiais e de recuperação da saúde desperdiçadas, são para esses corações que as equipes que dirigem e orientam os afazeres do lado de cá fazem todos os trabalhos.

É claro que existem serviços e equipes de diversos graus de desenvolvimento sintonizados com as necessidades específicas de quem procura socorro. O nível de atendimento e ação está relacionado com o tipo de busca. No âmbito geral, cada instituição tem um responsável de hierarquia moral expressiva a introduzir o objetivo maior da transformação moral do ser que está acima das que buscam solucionar acontecimentos exteriores.

As atividades de evangelização infantil, os estudos que objetivam o desenvolvimento espiritual e as reuniões públicas são trabalhos em evidência sobre os outros.

Devemos direcionar nossos esforços e energias para a transformação moral da criatura e lançar as sementes de renovação no terreno da alma.

Ainda hoje as ocorrências não são diferentes do que acontecia na época em que Jesus esteve aqui conosco. A maioria das pessoas que O buscavam queria ser beneficiada pelos fenômenos que Ele produzia, principalmente os da cura. Ele atendia a essas necessidades dentro da possibilidade de cada um, mas Sua passagem pelo orbe se deu, primeiramente, para resgatar os corações já despertos dos espíritos exilados que vinham contribuir com Seu coração amoroso na formação e no desenvolvimento do orbe, trazendo suas experiências do passado para implantá-las na mente do homem terreno. O segundo objetivo foi deixar um roteiro de vida para aqueles que começavam a despertar espiritualmente em suas experiências e quisessem encontrar uma estrada segura de soerguimento e um estímulo para fazer algo em benefício de si e dos outros, tomando-O como guia e modelo a ser seguido.

Naquela época, os anseios da maioria eram os prodígios espetaculares que Ele fazia e que eram chamados de sinais dos céus. Hoje, todo esse movimento não é diferente, e as buscas são as mesmas.

Muitos querem reencontrar seus parentes desencarnados por mera curiosidade, pela dor diante da separação ou por carências emocionais, sem compreenderem que essa atividade é desenvolvida para demonstrar a imortalidade da alma e a dos afetos, bem como a responsabilidade de nossas escolhas relacionadas ao que desejamos como felicidade.

Outros procuram nos passes e tratamentos a cura de seus corpos, para novamente os desequilibrarem pela incapacidade de utilizarem-se dele com sabedoria. O reequilíbrio das funções corporais os leva a ter bom senso no que fazem e sentem, criando a predisposição para uma saúde plena.

Eles não veem que a desobsessão é realizada para despertar a consciência do que fazem e usam todos os seus recursos na busca de harmonia e utilidade para todos. É um alerta para não alimentarem em si as emoções perturbadoras, o rancor ou o ódio por alguém.

Não percebem que o desenvolvimento mediúnico não tem a finalidade de demonstrar fenômenos, como muitos interpretam os das mesas girantes, mas sim criar um intercâmbio sério entre os dois planos existenciais, visando ao aprimoramento das atividades terrenas, deixando sempre a maior responsabilidade nas mãos humanas e servindo, cada vez mais, como uma janela de comunicação para os objetivos da espiritualidade superior não separada dos movimentos da vida planetária.

A mediunidade não será buscada para se perguntar sobre o futuro ou problemas pessoais, para saber se a pessoa vai se casar ou não, se ganhará dinheiro ou se irá recuperar um bem, se a pessoa que se ama vai voltar e outras tantas petições que raiam para o campo da irresponsabilidade e da imaturidade.

Chegará o dia em que essas duas esferas trabalharão tão sintonizadas que a curiosidade e a especulação não terão lugar. No amanhã, muitos espíritos elevados poderão se apresentar aos homens no dia a dia, trazendo-lhes instruções e ideias quanto aos problemas de ordem coletiva, a fim de auxiliar seus trabalhos.

Os cultos no lar terão a presença de seus familiares desencarnados, estando eles em condições de recuperação ou já equilibrados e operantes no bem da família.

Muitas transformações nos aguardam para o futuro, quando estivermos numa sociedade regenerada e os homens adequarem suas ações, materiais ou espirituais, às suas verdadeiras finalidades.

Os centros espíritas sérios e organizados são o campo experimental onde essa realidade se materializa. E o mais importante, para que tudo isso ocorra, é o interesse que cada encarnado deve ter em realizar sua renovação íntima. A transformação moral de cada um é muito importante e necessária para essa concretização.

A existência tem nuances muito profundas e requer que a consciência desta realidade se desenvolva a fim de mudar a forma como se vive na Terra. A oportunidade da reencarnação é uma bênção de extraordinária beleza e não há nada mais divino do que a própria vida e a oportunidade de representá-Lo onde e como estivermos.

Calou-se Clarêncio, uma vez que as tarefas de esclarecimento e orientação iriam começar, atendendo à programação da noite.

"[...], quando completar o período estabelecido para o encerramento desta momentânea interrupção, retornaremos confiantes para consolidar a tarefa em favor do esclarecimento aos encarnados [...]"

Capítulo 15

Análise das condições do orbe e dos aspectos mentais

Estávamos há algum tempo entre nossa colônia e o plano físico acompanhando os trabalhos dos amigos valorosos e o desenrolar dos acontecimentos da reencarnação de Lísias, que passaremos a chamar de Luciano. Após as primeiras atividades, havia chegado o tempo em que precisaríamos encerrar essa primeira parte de nossos trabalhos. Observando os últimos detalhes, Clarêncio falou:

— André, as circunstâncias da existência de Luciano devem caminhar para sua concretização e desenvolvimento. Nosso propósito até aqui foi o de demonstrar aos encarnados que se empenham nas lutas sublimadas o esforço de nosso plano de ação para a regeneração planetária dentro dos propósitos estabelecidos pelo coração amoroso de Jesus. Dentro dessa escola de almas chamada Terra, Ele planejou, numa perspectiva coletiva, as experiências necessárias ao crescimento dos espíritos, tomando por base a história universal de outros planetas, estabelecendo o tempo necessário para que as almas desenvolvam o grau de espiritualidade que as coloquem acima das modestas forças da materialidade perecível.

Observando os fatos que envolvem o renascimento de Luciano, devemos agora deixar o seu encaminhamento a cargo do tempo e dos amigos que lhes acompanham a trajetória de lutas mais de perto, a fim de que tudo se faça de forma natural e dentro da programação estabelecida a seu favor pelos companheiros da nossa colônia.

Devemos voltar nossas responsabilidades mais diretas para ela e, depois de algum tempo, aproximadamente quarenta anos, voltaremos mais diretamente ao tema da regeneração da Terra, para extrairmos experiências e estudos sobre os acontecimentos que envolverão a humanidade, principalmente o Brasil, no início do século 21, quando então aproveitaremos para rever esses irmãos na viagem de lutas e vitórias.

Provavelmente encontraremos outras condições e acontecimentos em que poderemos verificar o quanto a proposta renovadora já estará estabelecida no cenário de lutas para todos nós, habitantes desse abençoado corpo celeste, cuja estrutura oferece experiências de imersão constante em sua paisagem de redenção e evolução.

Você continuará acompanhando temporariamente os acontecimentos em torno dos trabalhadores amigos e daqueles ligados ao seu afeto mais direto, mas, quando completar o período estabelecido para o encerramento desta momentânea interrupção, retornaremos confiantes para consolidar a tarefa em favor do esclarecimento aos encarnados e, quem sabe, com nosso esforço, criar diretrizes de estímulos para os mais acentuados tempos de transição pelo qual a Terra estará passando.

Analisaremos as condições do orbe e os aspectos mentais dos homens nos instantes mais decisivos para que se comportem com firmeza ante as lutas que os envolverão e fortalecerão as verdades abraçadas por eles em testemunho de paz e operosidade.

Nesta etapa de nossas reflexões, falamos das realidades dos trabalhos imprescindíveis para um mundo em regeneração, que busca com mais assertividade sua condição sublimada pelo desenvolvimento dos aspectos de espiritualidade superior.

Quem sabe, até lá, estaremos próximos de nossa própria volta ao campo de serviços terrenos que se transformarão em estímulo para darmos nossa contribuição mais direta nas transformações necessárias ao orbe que tem nos beneficiado há longo tempo. Daqui para a frente, precisamos retribuir tantas bênçãos com nosso trabalho em favor de sua melhoria, que será a nossa também.

Esperemos de Jesus as forças necessárias para registrar a segunda parte desses apontamentos e para o enfrentamento das lutas transformadoras. Com a vontade fortalecida em Suas vibrações de amor, confiemos na preparação adequada de nossas experiências deste outro lado, para que possamos voar rumo ao infinito da Vida, onde o eco da Verdade nos convida a ir em direção à fonte de amor, ouvindo a melodia de Suas vibrações para nossos anseios de felicidade.

Por agora, deixemos nossos irmãos em suas experiências pessoais e amanhã voltaremos para lhes acompanhar mais um pouco nessa subida ao monte de elevação.

Plainamos um pouco sobre o ambiente que foi nosso campo de estudos e, com uma determinação mais forte, volitamos em direção à nossa colônia. Daí a alguns anos, retornaremos com a finalidade de consolidar mais essa tarefa de educação tanto do meu ser quanto no dos companheiros de jornada que quiserem aproveitar nossas experiências e reflexões para suas existências, como um alimento de sustentação da alma.

Paz no coração!

Capítulo 1

A limpeza astral traz espíritos perturbados para o plano físico

Chegamos à cidade de Belo Horizonte numa manhã clara e fria, fazendo com que as pessoas se agasalhassem mais, na busca do conforto físico. Aproximamo-nos da mente de nosso amigo medianeiro que seria, em futuro breve, o intermediário do conteúdo desta obra. Nesses dias, ele estava psicografando mensagens para os momentos de regeneração. O trabalho de psicografia, realizado há muitos anos nas reuniões frequentadas, serviu de preparo para iniciarmos este trabalho que agora apresentamos.

Seus pensamentos já refletiam nossa conversa de inúmeras reuniões, realizadas quando ele estava no estado de emancipação espiritual pelo sono físico. Nesses encontros, buscamos minimizar os impedimentos psíquicos criados por ele e que poderiam surgir como obstáculos para o desenvolvimento da tarefa. Ouvíamos ele perguntar se seria capaz de escrever um conteúdo mais extenso e com características narrativas já que, até agora, toda sua escrita mediúnica tinha sido de pequenas mensagens reflexivas.

Por nossa vez, realizamos em seu cérebro perispiritual e físico, algumas operações que, através de passes e concentrações fluídicas nos centros coronário e frontal, se desdobrariam em recursos para que as psicografias pudessem ocorrer a contento.

O livro teria duas partes: os capítulos da primeira seriam a transmissão das minhas lembranças a fim de preparar o médium para a continuidade dos trabalhos numa segunda fase, que narraria acontecimentos dos dias atuais, visando oferecer esclarecimentos e informações de nossos orientadores maiores.

Como a primeira tem caráter de passado, precisamos adaptar as informações nesta segunda parte para continuarmos em cronologia mais atual.

Ainda integrados ao ambiente da bela cidade, Clarêncio disse:

— André, precisamos organizar nossas ações para levantar informações mais precisas para os momentos em que estamos vivendo, agravados pelas vibrações que envolvem o globo como resultado da estrutura falida do materialismo, do consumo exagerado, da busca de uma felicidade frágil e da exploração dos prazeres sensoriais que nos mostram a pobreza da busca desenfreada pela ilusão.

No ambiente atual, de extremo pessimismo, encontramos o medo que tem aumentado, na maioria das criaturas do plano físico, em sintonia com entidades inferiores que aproveitam dessa circunstância para alimentar esse estado. Isso ocorre em função da grande dificuldade que eles têm para mudar os rumos de suas existências e, principalmente, porque alguma coisa lhes fala, intimamente, que esta é a última oportunidade de pertencer ao grupo de espíritos que permanecerão no orbe. Eles sempre colocam a culpa de suas frustrações na luta moral que travam nos fatores externos e, nestes momentos de crise pelos quais o país atravessa, colocam a culpa, principalmente, no comportamento de líderes e políticos como se eles fossem os únicos exemplos de virtude e de força que têm para vencer as lutas, embora reconheçamos o papel de referência social que lhes cabe. Não percebem que muitos que assumem cargos e posições não são capazes sequer de mudar a decadência de seus anseios de poder e grandeza.

Em todas as áreas humanas, encontraremos missionários e pessoas conscientes ocupando cargos políticos e de liderança, prontos para darem o recado positivo como resposta ao desequilíbrio generalizado.

Não só esses departamentos da realidade existencial estão sendo convocados a mudar, mas todos os que a presença do homem comum opera, pois deverão renovar suas características de funcionamento.

O comprometimento, por parte dos que querem implantar a mudança, deve ocorrer onde são chamados e a partir de suas atitudes na profissão executada com empenho e carinho; na fé e na religiosidade pelo compromisso de viver-lhes a mensagem; no uso do dinheiro com equilíbrio e finalidade útil; na família que realiza uma educação integral de seus membros; nos negócios que buscam o benefício geral.

Chegou a hora de despertar em nós o estado de responsabilidade maior com a harmonia imprescindível para que as condições do mundo se estruturem. Não podemos mais esperar que apenas nossas palavras sejam as bases dessa renovação, mas sim realizar a transformação íntima. É a partir daí que todo o trabalho de transformação deve ser feito.

Os planos espirituais inferiores estão sendo limpos com grande eficácia e muitos espíritos perturbados sobem em direção ao plano físico, aproximando-se cada vez mais dos encarnados que, por sintonia, os mantêm próximos de si.

Essa proximidade, acrescida pelas condições vibratórias desequilibradas, criam as sensações de peso que sentimos quando nos aproximamos da psicosfera da Terra, que influencia os homens invigilantes, aumentando suas perturbações que envolvem a humanidade nestes dias.

– Mas este estado de desarmonia continuará até quando? – perguntei, admirado.

– Até quando o Plano Maior achar que devem mudar ou, o que seria melhor, até quando todos mudarmos de condições íntimas, buscando compreender as forças destrutivas que acalentamos há milênios e não lhes dando mais vazão, construindo comportamentos equilibrados e harmônicos como marcas de nossa sobriedade.

O homem passa por um momento de sua evolução no qual terá de voltar-se para dentro de si mesmo de qualquer jeito. A satisfação pela conquista de valores externos não poderá aplacar a sede de se encontrar com sua realidade de espírito imortal.

Quanto mais ele se esconde por trás de suas ilusões, maior é o nível de frustração e angústia que o atormenta. Não poderemos mais comprar o céu como pretendíamos fazer no passado. Não há uma forma externa de ser religioso, este comportamento não facilitará nossa entrada nos planos maiores nem as oferendas e os donativos comprarão nossa passagem para os altos planos da vida plena.

Para ser verdadeira, toda conquista deve nascer em nossa intimidade. Jesus esteve na Terra para implantar o reino dos céus no coração do homem, mas isto não se faz de fora para dentro e sim no encontro profundo da alma consigo mesma, e isso só é possível por meio do autoconhecimento.

Quando Ele disse que o reino de Deus não viria por aparências exteriores, queria dizer que não poderemos adotar posturas superficiais de virtudes, parecendo ser quem na verdade não somos. As qualidades profundas não têm nada a ver com atitudes vazias de conteúdo e sim com os sentimentos nobres que são despertados em nós.

Quando acordarmos para essa realidade, veremos os desafios reais e concretos para desenvolver uma postura firme e consciente rumo à libertação de nossas condições inferiores, não só quanto a nós mesmos, mas também para os que se sentem perdidos e precisam de uma luz para clarear seus caminhos. Será no exemplo vivo que daremos o testemunho da verdade que antes acreditávamos apenas racionalmente.

Depois de uma pausa nas reflexões, para que eu pudesse acompanhar seu raciocínio, Clarêncio voltou a dizer:

– Vamos falar novamente aos corações de nossos irmãos da humanidade no sentido de despertarem com determinação e coragem para enfrentar o trabalho transformador. De mãos dadas andaremos unidos na construção de um mundo renovado. Assim, as mudanças ocorrerão em todos os quadrantes da Terra, nos dois planos da vida.

E olhando para o médium que seria o intérprete desta mensagem, concluiu:

– Preparemos seu campo de recepção e oremos a Jesus, nosso Orientador maior, rogando que nos ampare os propósitos do bem, pois, antes de tudo, é para Ele que devemos convergir todas as nossas intenções e ações. Somente Seu coração magnânimo poderá determinar a melhor condição para todos.

Após estas expressivas reflexões, Clarêncio calou-se. Em seguida, saímos em busca dos objetivos traçados com muita disposição e fé, com a certeza de que tudo está de acordo com a vontade d'Aquele que é o nosso Mestre maior.

Capítulo 2

Arrependimentos sinceros evitam o exílio

Para melhor retratar a triagem dos espíritos em condições de permanecer no planeta, vamos destacar aqueles que apresentam uma predisposição ao arrependimento e um desejo de mudança perante os erros cometidos. Não chegam a ser classificados como maus ou perturbadores da ordem e do equilíbrio, mas são irmãos que prejudicam mais a si que aos outros.

Estávamos diante do quadro de uma pessoa prestes a passar pelo transe desencarnatório, Clarêncio e eu procurávamos auxiliar de alguma forma e também extrair reflexões sobre os dramas dolorosos dos que despertam sob o peso da culpa.

Clarêncio, com a mesma claridade nas palavras sábias e lúcidas, informou:

– Os que se encontram nos quadros angustiosos do desespero e do arrependimento não estão enquadrados como espíritos a serem exilados do planeta, por ainda apresentarem no fundo de suas almas um padrão de renovação e disposição sincera de redimir seus erros. Precisam de um trabalho mais intenso de nossa parte para despertar-lhes esse potencial, orientando-os ao que é necessário fazer para atingir este fim.

Já os nossos irmãos, cujo arrependimento tardio está ligado ao peso de crimes, à usurpação de bens coletivos, às lesões ao direito alheio com repercussões profundas e às outras situações de maior gravidade, serão exilados porque o planeta não mais poderá oferecer a eles as oportunidades de, em experiências do mesmo teor, alcançar a reeducação de que precisam. O caso que observamos se enquadra na primeira condição, podendo nosso irmão permanecer aqui depois de desencarnado.

Ele será levado, como acontece com muitos de nós, para as instituições do plano imaterial, a fim de limpar as ilusões acalentadas pelas impressões materiais e seus valores fúteis e frágeis, conscientizando-o de que nenhum patrimônio lhe pertence e que cargos e funções são oportunidades de crescimento e não instrumentos de definição de qualidade pessoal, compreendendo a transitoriedade de seus anseios.

Os que se arrependerem a tempo serão amparados por trabalho ativo, conquistarão o padrão mental inicial para se enquadrar à educação que se estabelecerá e, com o auxílio de pais e educadores, darão continuidade aos esforços aqui iniciados, gerando o despertar de seus potenciais espirituais que os farão se afinar um dia com a maioria dos espíritos que buscam patamares mais elevados.

As bem-aventuranças do Evangelho de Jesus repercutirão em seus corações como um cântico divino em ressonância com suas propostas de vida, estabelecendo em suas almas o reino dos céus prometido por Jesus.

Eles serão o campo mais propício para todos que querem se dedicar com maior afinco ao auxílio dos que se encontram na retaguarda evolutiva para fixarem em si mesmos as qualidades morais que ajudam a desenvolver nos outros.

Por isso mesmo, lembramos a esses irmãos que saem do arrependimento sincero, transmutando-o em energia edificante no empenho renovador, as palavras expressivas de Jesus quando disse: "Vinde a mim, todos os que estais cansados e oprimidos, e eu vos aliviarei. Tomai sobre vós o meu jugo, e aprendei de mim, que sou manso e humilde de coração; e encontrareis descanso para as vossas almas."[1].

Continuaremos a auxiliar aquele companheiro bastante abatido pela luta mental a qual se entregava, ante o arrependimento e a necessidade de se esforçar pela possibilidade de reabilitação e da ação do bem tardiamente compreendida. Isso significaria a balsa suave que o recolheria diante do mar apresentado aos seus olhos na transição da realidade física para o mundo do além.

---

1 Mateus, 11:28-29.

Capítulo 3

Mudança do padrão vibratório durante a noite

Recomeçamos nossas atividades junto a companheiros com os quais já tínhamos contato e que participavam das tarefas assistenciais do movimento espírita, tirando desse trabalho de auxílio as lições para nossas reflexões.

Integramos a equipe de um auxílio feito em plena rua no qual o grupo de amigos encarnados levava alimentos para os que não tinham nenhum recurso material. Poderíamos classificar, para fins de nossos estudos, que grande parte daquelas pessoas que ali viviam eram seres umbralinos, já que a semelhança entre ambos é ampla. Excetuando alguns casos especiais de trabalhadores de nosso plano que operavam em benefício desses mesmos companheiros, diríamos que estávamos em pleno umbral, considerando as altas horas da noite em que a tarefa se realizava.

Observamos a movimentação nas duas realidades existenciais e percebemos que encarnados e desencarnados eram cúmplices naturais, não tendo outros propósitos a não ser a busca de prazer ou a possibilidade de tirar vantagens pessoais, seja por meio de pequenos delitos para ganho financeiro ou para a satisfação de seus vícios e dependências de forma mais "fácil", criando um padrão de movimentação cujas condições espirituais eram mais brutas e animalizadas e nas quais se sentiam mais livres para agir.

O clima espiritual naquele horário da noite era a materialização clara dos planos inferiores da realidade extrafísica. Ressaltamos que essas características não podem ser encobertas pela condição da categoria social das pessoas que frequentam as ruas nestas horas, sejam as mais abastadas ou não. As aparências parecem criar uma falsa impressão de que as inferioridades humanas são características das categorias mais baixas, mas o que podemos notar nesses quadros vivos é que as condições morais inferiores não se limitam a níveis de classe para se manifestar. Todos buscam a "felicidade" que o clima da noite parece oferecer para a satisfação de seus sentidos.

Trazemos estes esclarecimentos com um sentimento de muito respeito às condições de cada um e, ao estudar os casos, busquemos recursos para nos melhorarmos e fazermos algo para plantar nos corações o bem que pudermos, beneficiando-os. Quem sabe estas instruções sirvam de mola propulsora para decidir o que devemos ou não fazer de nossas escolhas?

Com algumas exceções, vamos encontrar profissionais noturnos que ganham o seu pão de cada dia e outras tantas equipes de auxílio que se preocupam com o sofrimento alheio e são portadoras de intenções nobres e elevadas.

No horário noturno, muitos se deixam levar por uma liberdade pessoal que têm durante o dia porque são induzidos a adotar comportamentos mais adequados na convivência em família, nas atividades do trabalho e nos compromissos estudantis.

Associando nossas anotações à visão da Psicologia sobre a estrutura mental, poderemos dizer que o Ego é o senhor do dia, atuando sob a supervisão do Superego, mas que à noite o domínio é do Id ou das características impulsivas e reativas, na busca de maior "liberdade" do que quando estamos no padrão comum.

É claro que no período da noite também encontramos vários lares ajustados ao campo do equilíbrio; centros de educação do conhecimento; instituições com o propósito de aprendizados espirituais e outros tantos núcleos de progresso. Tudo depende das intenções que movem as criaturas em seus interesses.

Mas, em plena rua, a paisagem nesses horários muda significativamente seu padrão vibratório em função dos interesses de muitas pessoas, incrementando com isso o intercâmbio entre elas e o plano inferior, aumentando as possibilidades de acesso sobre a mente inconsequente daqueles que elegem o comportamento leviano.

Procurei me manter ponderado e vigilante diante dos quadros à minha volta. Clarêncio permitiu que eu refletisse um pouco mais do aprendizado e, após alguns minutos, esclareceu:

– Observe as características dos ambientes incorpóreo e físico, bem como a facilidade de intercâmbio entre eles. Podemos dizer que há um intercâmbio generalizado entre essas duas realidades ocorrendo de forma sutil e oculta. Isso se dá devido à falta de interesse dos encarnados por um assunto de real importância para eles mesmos. Desconhecendo a irradiação da mente através de seus pensamentos e emoções, criam um campo vivo para vinculações com as mentes desencarnadas que estão à sua volta.

Fica claro que, ao abraçar uma tarefa assim, esses amigos encarnados, que podem ter as mesmas dificuldades ou tendências, abram-se para uma sintonia elevada no exercício do bem, nos atraindo para o lado deles e abrindo possibilidades de respondermos suas indagações inconscientes e intuí-los para a solução de seus desafios de crescimento, já que eles estão buscando solucionar os problemas alheios.

Muitos desses encarnados e desencarnados, assistidos pela caridade, guardam no fundo de suas almas a semente da bondade que, no amanhã, germinará, criando uma predisposição para sua mudança e para o despertar da vontade de auxiliar aqueles que se encontram em sofrimento.

Nesta dinâmica, percebemos a ação do exemplo e os reflexos que uma atitude nobre pode provocar na intimidade de alguém. Quando vemos uma pessoa disposta a auxiliar, não temos uma ideia clara de como começou o estímulo desse interesse. Quantas mãos silenciosas já nos ajudaram anteriormente para que hoje tenhamos essa atitude?

Na pausa que se fez, fiquei imaginando quem teriam sido os semeadores do bem que plantaram a semente da vida em meu terreno íntimo. Clarêncio percebeu minhas reflexões e continuou suas observações:

– Levando nosso raciocínio para o entendimento de nosso tema central, que é a transição planetária, esse quadro do qual temos a oportunidade de participar e que estamos avaliando pode mostrar as mudanças em jogo. A ação espiritual inferior junto aos homens demonstra um aumento de sua presença na superfície da crosta e sua diminuição das esferas espirituais mais profundas e do Umbral. O próximo passo é que sejam retirados daqui, já que não poderão voltar às zonas inferiores por não terem mais condições de permanência no planeta.

– Clarêncio, como esse número tão grande de espíritos que perambulam entre os encarnados serão recolhidos? Sabemos que existem equipes de resgate com o objetivo de levá-los às nossas colônias e postos espirituais de recuperação para lhes abrirem as portas da reencarnação. E se parte desses companheiros socorridos não puder mais reencarnar na Terra, como será?

– Aqueles que apresentarem alguma indicação de mudança poderão aproveitar a oportunidade de renascimento, sendo levados às esferas superiores e preparados para esse fim.

O que está acontecendo é uma limpeza dos campos espirituais inferiores, favorecendo a leveza que a regeneração exige, e o primeiro passo para que isso ocorra é deslocar esses espíritos para a superfície da crosta. Mesmo que não possam mais voltar pelas bênçãos de um renascimento, atuam através de suas intenções como instrumento de avaliação e aferição junto àqueles com os quais se sintonizam, buscando-lhes a companhia. Alguns ainda podem ser tocados por uma situação que despertará neles o desejo de mudança, podendo assim continuar neste planeta-escola.

Ficou estabelecido pela sabedoria do nosso Mestre divino que a partir do ano 2000 não nasceriam mais irmãos predominantemente imperfeitos, limitando dessa forma a presença de seres que não têm direito a essa oportunidade em função do grande desprezo que guardam por elas. Ao serem privados desta bênção, aprenderão a valorizá-las algum dia. É claro que em tudo há exceções, um ou outro espírito ainda é aceito em função das lutas que impõe aos que convivem com eles, transformando essa relação em aprendizado de alguém ou de um grupo que sofre com a sua presença. Excluindo esses casos isolados, tem sido muito raro o retorno deles à esfera física. Só podem reencarnar os que apresentam, pelo menos, uma possibilidade de serem tocados e sensibilizados para uma melhoria de si mesmos.

– Mas, como explicar tantos casos de violência e desequilíbrio ocorrendo no planeta, demonstrando o contrário do que você está dizendo? Como ampliar essa visão para o olhar de nossos amigos encarnados hoje na Terra?

– Muitos desses espíritos que se apresentam em noticiários infelizes, mesmo os mais jovens, nasceram, em sua maioria, antes do ano 2000. Neste período não só nasceram espíritos nobres para efetivarem as mudanças necessárias, mas também um contingente de outros amigos que precisariam das lições na própria vida a fim de assimilar esses elementos educativos. Muitos deles estão perambulando nas grandes cidades ou mesmo em algumas nações cujo carma coletivo ofereça a oportunidade de passar por choques mais pesados, determinando experiências de natureza mais grave. Experimentam pela dor, que é a consequência de suas escolhas precipitadas e infelizes, o efeito educacional de vivências com materiais de crescimento que refletirá por séculos em suas vidas.

Guerras, agressões e violências descabidas, sentimento de separatividade, inconsciência coletiva ligada à barbárie, ações de interesse econômico exclusivista, lutas étnicas e éticas, disparates sociais entre grupos e tantas outras calamidades ocorrem como repercussão das escolhas para que, sob o peso destas, o homem aprenda em suas lições derradeiras o que fazem a si mesmos por não ter consciência de sua real natureza, que é espiritual. Somente por meio desta essência sublime o homem terá a condição de eleger uma boa forma de se relacionar consigo mesmo, com a vida e com os outros, considerando-os com a mesma medida que dá a si mesmo, a fim de que um sentimento real de fraternidade possa surgir.

Os novos valores para o nosso mundo serão construídos tendo por referência o que não queremos mais que faça parte de nós e, por consequência, o que não queremos que faça parte da nossa relação com o próximo. O homem está se cansando do mal e verá que não vale mais a pena sustentá-lo, apagando-o assim do cenário do orbe.

O mundo de hoje, em sua característica violenta, está simbolicamente na condição daquela multidão que buscava por Jesus ao pé da montanha, procurando alívio e paz para suas dores. Hoje são ouvidas as expressões amorosas da voz do Pastor de ovelhas perdidas reverberando em nossas almas, para nos levar ao aprisco seguro e feliz: "Bem-aventurados os que choram, porque eles serão consolados; os que têm fome e sede de justiça, porque serão fartos[1]; vinde a mim, todos os que estais cansados e oprimidos, e eu vos aliviarei; tomai sobre vós o meu jugo que é suave e o meu fardo é leve".[2].

Com aquela melodia divina a sair dos seus lábios, Clarêncio calou-se para que ela pudesse ecoar em todos aqueles corações que trabalhavam pelo bem do próximo, como também para aqueles que se sentiam perdidos e desamparados. No fundo, todos nós buscávamos a tão almejada felicidade.

---

1 Mateus, 5:4 e 6.
2 Mateus, 11:28-30.

Capítulo 4

Alterações cirúrgicas nos perispíritos trazem mutações no corpo físico

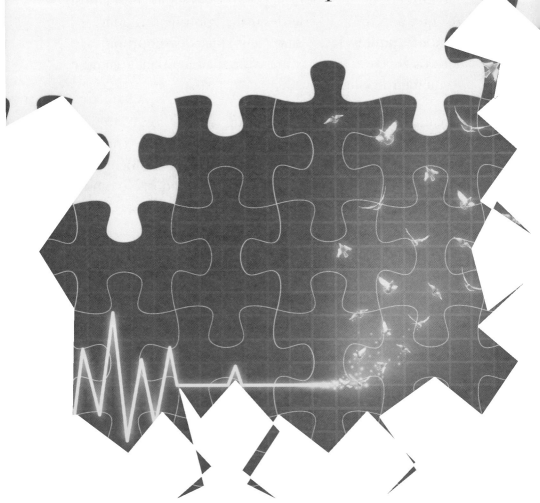

Ainda estávamos acompanhando as equipes de trabalho dos encarnados que operavam em plena rua, dando esperança àqueles corações adormecidos e desorientados que elegeram essa situação por meio de escolhas infelizes do passado. Todos eles estavam subordinados a algum tipo de vício constrangedor que os impedia de enxergar a própria condição precária e, quando isso acontecia, não tinham forças suficientes para tomar uma decisão firme e modificar aquela triste realidade em que se encontravam.

Muitos mentores esperavam pelos trabalhos assistenciais que criavam momentos raros de reflexão nos assistidos para lançarem ideias de mudanças em suas mentes, utilizando essas oportunidades como instrumentos de resgate, abrindo portas para o início de suas recuperações.

A espiritualidade maior sabe quem quer e pode sair dessa triste situação. Para a maioria das pessoas este modo de viver significa sofrimento, mas quem está nele pode ser bastante prazeroso, desde que consiga atender às suas necessidades.

Essas necessidades podem estar relacionadas ao vício em drogas químicas, no sexo desenfreado, na bebida alcoólica, além da dificuldade em assumir responsabilidades sociais e mesmo a fuga depois de experimentarem decepções afetivas, acreditando que a satisfação em seus vícios lhes ameniza a dor.

Todos esses aspectos íntimos determinam suas escolhas e interesses, fazendo com que criem uma falsa condição de vida que, com o tempo, se torna natural para eles.

Clarêncio, percebendo os meus pensamentos, esclareceu:

– Muitos dos que vivem nessas condições são retratos vivos daqueles que encontramos também em nossos planos espirituais inferiores, buscando sustentar seus anseios por meio dos vínculos criados em torno das pessoas. Eles precisam se libertar e buscar a realidade do espírito imortal e não utilizar recursos mentais para criarem espaços infernais ou purgatórios.

Essa distorção da realidade, na maioria das vezes, é uma fuga da própria consciência perturbada pelas escolhas inconsequentes em suas experiências materiais e por não quererem se confrontar com o resultado de suas ações adiando a solução de seus desafios e a libertação dessas correntes escravizadoras.

Transformam o ambiente em que se vivem no reflexo vivo do que estruturaram internamente, dando asas à imaginação e juntando-se a outros que vivem nas mesmas condições, criando zonas de convivência coletiva, verdadeiras cidades astrais de expressões desequilibradas nas quais mantêm suas alucinações.

Como esses companheiros têm se aproximado cada vez mais da esfera dos homens, temos encontrado com frequência a presença dessa realidade vibratória na superfície da crosta como consequência das construções distorcidas de suas mentes. O próprio uso das drogas e de bebidas alucinógenas faz com que seus psiquismos projetem para fora aquilo que trazem por dentro.

As equipes de socorro da erraticidade avaliam suas condições mentais e espirituais e, a partir daí, definem aqueles que ainda podem permanecer no orbe e aqueles que serão deslocados para outras moradas siderais para promover, de forma mais adequada, a sua reforma íntima.

Esta separação espiritual reflete a passagem evangélica na qual Jesus esclarece que esta triagem é natural, referindo-se ao grupo que parte para outro orbe como sendo simbolicamente "os bodes" e a outro que permanece na Terra como "as ovelhas".[1]

Os tarefeiros responsáveis pela limpeza vibratória têm aproveitado essas circunstâncias para realizarem suas transferências a lugares de caráter transitório[2] que funcionam como grandes centros portuários ou alfandegários, com funções de triagem de valores morais. Não há a presença de encarnados nesses centros, cuja finalidade é de iniciar o deslocamento definitivo destes espíritos para o planeta que os receberá para o processo de reajustamento de suas experiências futuras.

— Esse planeta está próximo de nosso sistema solar?

— Depende do que chamamos de próximo, levando em consideração as referências de medida terrena para determinarmos a distância correta desse orbe acolhedor. Ele faz parte de outra constelação de estrelas, foi previamente escolhido e teve suas condições materiais estudadas, possuindo algumas características que hoje não temos. Quase poderíamos dizer que é um novo mundo, ainda muito primitivo em sua formação geológica, mas que está próximo de se tornar habitável por animais desenvolvidos

---

1 Mateus, 25:31-33: "E todas as nações serão reunidas diante dele, e apartará uns dos outros, como o pastor aparta dos bodes as ovelhas; E porá as ovelhas à sua direita, mas os bodes à esquerda."

2 Por meio de outros livros temos informação de que a Lua é um desses lugares. (N.E.)

neurologicamente e permitirá, no futuro, a existência da vida humana em sua superfície.

Os arquitetos e biólogos siderais levam os exilados para se ambientarem por milhões de anos[3] às características materiais e fluídicas desse mundo e à estruturação de um novo perispírito[4] caracterizado pelas condições químicas e biológicas inerentes ao seu fluido cósmico universal, que, atuando sobre esses elementos, foram aperfeiçoando os corpos espirituais e físicos, com o objetivo de movimentá-los em seus ecossistemas.[5]

– A forma do corpo e do perispírito serão diferentes daquelas de nosso planeta?

– Como não! – respondeu Clarêncio, com ar natural.

---

3 "Com o auxílio desses Espíritos degredados, naquelas eras remotíssimas, as falanges do Cristo operavam ainda as últimas experiências sobre os fluidos renovadores da vida, aperfeiçoando os caracteres biológicos das raças humanas. [...] Se a gênese do planeta se processara com a cooperação dos milênios, a gênese das raças humanas requeria a contribuição do tempo, até que se abandonasse a penosa e longa tarefa da sua fixação." – *A caminho da luz,* capítulo 3 – subtítulo 'Fixação dos caracteres raciais', autoria espiritual de Emmanuel, psicografado por Chico Xavier - Editora FEB.(N.E.)

4 "É assim que dos organismos monocelulares aos organismos complexos, em que a inteligência disciplina as células, colocando-as a seu serviço, o ser viaja no rumo da elevada destinação que lhe foi traçada do Plano Superior, tecendo com os fios da experiência a túnica da própria exteriorização, segundo o molde mental que traz consigo, dentro das leis de ação, reação e renovação em que mecaniza as próprias aquisições, desde o estímulo nervoso à defensiva imunológica, construindo o centro coronário, no próprio cérebro, através da reflexão automática de sensações e impressões em milhões e milhões de anos, pelo qual, com o Auxílio das Potências Sublimes que lhe orientam a marcha, configura os demais centros energéticos do mundo íntimo, fixando-os na tessitura da própria alma." – *Evolução em dois mundos,* Primeira parte, capítulo 3, subtítulo 'Evolução no tempo', autor espiritual André Luiz, psicografado por Chico Xavier - Editora FEB.(N.E.)

5 "A espécie humana se encontrava entre os elementos orgânicos contidos no globo terrestre? Sim, e veio a seu tempo. Foi isso que levou a se dizer que o homem se formara do limo da terra." *Livro dos espíritos* - Questão 47 - Allan Kardec - Editora FEB.

O que fica resguardada é a expressão de humanização que esses corpos precisam ter, mas que em cada organismo desenvolve órgãos específicos e com funções próprias conforme o material químico que esse planeta oferece para a formação de suas estruturas celulares. A partir daí, serão formados seus sistemas de funcionamento[6], operando num processo contínuo de captação e reprodução, dentro do dinamismo assimilador e criador que caracteriza o funcionamento do Universo.

Mesmo nós, quando saímos para outras esferas mais sutis ou mais densas, precisamos adaptar nossos corpos espirituais para movimentá-los dentro dessas realidades vibratórias. Esse ajuste é obtido por estarmos ali em caráter de visitação rápida ou estágios um pouco mais prolongados. Se tivermos de viver definitivamente naquela localidade, será necessário revestimo-nos com as mesmas condições perispirituais daquela nova realidade de vida, passando por aquilo que alguns estudiosos da Doutrina Espírita nomeiam como sendo uma segunda morte.[7]

No processo de transferência dos exilados de um orbe para outro, a segunda morte é a troca definitiva dos perispíritos gerando sensações iguais àquelas que se sente no processo de desencarnação. Nesses momentos ocorrem verdadeiras cirurgias espirituais que adaptam os espíritos na formação

---

6 O corpo humano é formado pelos sistemas: cardiovascular, respiratório, digestivo, nervoso, sensorial, endócrino, excretor, urinário, reprodutor, esquelético, muscular, imunológico, linfático e tegumentar. (N.E.)

7 André Luiz em seu livro *Libertação*, capítulo 6 esclarece que o fenômeno da segunda morte se dá com a perda do veículo perispiritual em duas circunstâncias: "Os primeiros são servidores enobrecidos e gloriosos, no dever bem cumprido, enquanto que os segundos são colegas nossos, que já merecem a reencarnação trabalhada por valores intercessores, mas, tanto quanto ocorre aos companheiros respeitáveis desses dois tipos, os ignorantes e os maus, os transviados e os criminosos também perdem, um dia, a forma perispiritual."(N.E.)

dos futuros corpos perispirituais e físicos.

Nos dias atuais, já está sendo realizado um número expressivo de alterações cirúrgicas nos perispíritos para atender às necessidades dos que aqui permanecerão. Essas modificações, feitas em nossos laboratórios espirituais, já começam a exercer algumas mutações no corpo físico do homem por meio dos mecanismos reencarnatórios. A Medicina ainda não compreende essas transformações, interpretando-as como enfermidades estranhas ou desconhecidas, mas, na verdade, são expressões desse ajustamento entrando em choque com as leis que regeram a formação do corpo físico até agora.

No futuro, os corpos físicos apresentarão determinadas capacidades para que a inteligência humana se expanda, alterando a anatomia do corpo físico que deixará de ter certos órgãos e desenvolverá outros, assim como outras alterações serão implantadas pela necessidade de sobrevivência na regeneração.

Façamos a nossa parte, auxiliando o homem a se conhecer e atuar na introdução de recursos para o revestimento corporal e perispiritual necessários para sua manifestação no amanhã.

Por isso mesmo, Paulo já nos informou que se semeássemos corpos celestiais[8] – perispírito – eles transformariam os corpos corruptíveis – corpo físico. As mudanças ocorrerão primeiramente em nós para que a própria força dos fatos faça com que ocorram no círculo da realidade física de

---

8 1 Coríntios, 15:40-42: "E há corpos celestes e corpos terrestres, mas uma é a glória dos celestes e outra a dos terrestres. Uma é a glória do sol, e outra a glória da lua, e outra a glória das estrelas; porque uma estrela difere em glória de outra estrela. Assim também a ressurreição dentre os mortos. Semeia-se o corpo em corrupção; ressuscitará em incorrupção."

forma espontânea e concreta.

Após esses esclarecimentos do amado benfeitor, colocamo-nos em prontidão juntos àqueles amigos trabalhadores, para podermos fazer algo que beneficie as necessidades dos que seriam atendidos pela ação doadora.

Capítulo 5

As comunicações entre os dois planos serão de âmbito coletivo

Estávamos novamente junto de Luciano – "Lísias" – agora com quarenta e seis anos, casado e com dois filhos, uma menina de oito anos e um garoto de dez. Apresentava no semblante uma característica de amadurecimento que deveria ter sido formada nas suas responsabilidades espirituais e profissionais, já que exercia a função de médico. Atuava também como orientador e palestrante no centro espírita, auxiliando seus pais na condução da casa que estava sob sua responsabilidade.

Com que alegria pude revê-lo e perceber em seus olhos o mesmo olhar que tinha quando estávamos em diálogos esclarecedores em nossa colônia! Ele é um amigo que guardo com muito carinho em meu coração. Sempre que o vejo me sinto muito bem.

Naquela noite ele iria fazer um estudo sobre o tema da mediunidade. Fui convidado pelo mentor que o acompanhava nessa tarefa específica de inspirá-lo em seu trabalho, já que o orientador percebia a sintonia natural que existia entre nós, nascida do coração.

Prontifiquei-me a ajudá-lo e, perguntado em qual aspecto o tema seria abordado, ele me disse que seria sobre a mediunidade de efeitos físicos. Então, concentrei-me por alguns minutos para buscar em minha memória tudo o que tinha aprendido sobre o assunto nas instruções que obtive na colônia e também nas experiências vivas, onde pude presenciar os trabalhos do lado de cá e participar deles de forma efetiva.

No horário determinado para o início da tarefa, comecei um processo de ligação mental e coloquei a mão sobre a cabeça de Luciano, direcionando minhas energias sobre ele para criar um intercâmbio em que minhas irradiações o envolveriam por completo. Após a criação do vínculo, retirei a mão e posicionei-me às suas costas, na distância de alguns centímetros, no lugar em que podia perceber naturalmente seus pensamentos unindo-se aos meus e vice-versa, de forma simultânea, como se fosse ele mesmo que pensava.

Deixei-o iniciar a palestra com aquilo que ele já havia preparado e intervinha com algumas ideias com as quais ele imediatamente trabalhava, acrescentando alguma coisa de minhas experiências, de maneira que estas pareciam ser uma inspiração a nascer de sua própria mente.

Luciano iniciou o tema apresentando a diferença entre a mediunidade de efeitos físicos e a mediunidade de efeitos intelectuais, conforme Allan Kardec apresentou em *O livro dos médiuns*, uma de suas obras básicas. Ele demonstrou que a primeira utilizava maior índice de energias materiais que, como o ectoplasma, estavam ligadas aos três chacras inferiores do perispírito enquanto a segunda se utilizava de recursos energéticos mais sutis da substância mental, utilizando os outros quatro chacras superiores, envolvendo, como base para essas manifestações, uma ligação mais direta com o sistema nervoso central.

Esclareceu que, na época de Kardec, a utilização da mediunidade de efeitos físicos estava ligada aos fenômenos que mais impressionavam e chamavam a atenção dos estudiosos daquele tempo com o objetivo de demonstrar a existência de uma inteligência espiritual por trás dos fenômenos, desfazendo a análise precipitada sobre eles, que eram encarados até então como manifestações extraordinárias e que fugiam das leis regentes dos fenômenos físicos da matéria. A partir de estudos e pesquisas, perceberam que as forças atuantes no mundo material tinham sua origem na realidade extrafísica.

Pude inspirá-lo a observar que os homens mais sérios e estudiosos já não precisam desses mecanismos como afirmação da existência dos espíritos, que a confiança e segurança dessa verdade só seriam possíveis pelo estudo de seus princípios não só ligados aos fenômenos em si, mas de sua moral, fazendo com que esses fenômenos sejam utilizados para outros fins, como os de tratamento do sofrimento humano e na aproximação das esferas espirituais superiores e a física, materializando os mentores do Plano Maior que vem esclarecer, orientar e ensinar as finalidades elevadas de acordo com a maturidade dos participantes das reuniões mediúnicas.

Ele fechou o tema e procurei não interferir mais diretamente para que pudesse ficar em evidência sua dedicação para a tarefa e, no final dos trabalhos, orei junto com ele e pude sentir seus pensamentos e sentimentos junto aos meus, em um intercâmbio de forças. Procurei direcionar meus mais nobres sentimentos ao seu coração sensível, a ponto de algumas lágrimas escorrerem pelo seu rosto, pelo nível de nossa afinidade e em agradecimento pela oportunidade de trabalharmos juntos.

Terminado o estudo, Clarêncio aproximou-se e, com suas argumentações superiores e belas, disse:

– André, fico contente em ver seu crescimento e o desenvolvimento do trabalho estabelecido pelo Plano Maior em seu favor, o qual você soube aproveitar com muita competência e dedicação, aprimorando o seu potencial divino.

Você pode agora dar muito mais de si em benefício dos outros, principalmente dos amigos que ontem o acolheram e o ajudaram, como no caso de nosso irmão Luciano.

Nosso plano atuará com maior intensidade junto aos companheiros encarnados, e nossa contribuição será ainda maior no momento em que eles tiverem mais maturidade para servir. Os dons mediúnicos se desdobram e as comunicações entre os dois planos serão de âmbito coletivo. Com isso, poderemos auxiliá-los no desenvolvimento das artes, da oratória, das manifestações espirituais, das curas e das instruções elevadas, caminhando juntos nas transformações que o mundo pede.

O corpo físico de nossos amigos estará mais sensível a ponto de o sexto sentido ser uma conquista natural, e os que não o tiverem desenvolvido se sentirão como os cegos, mudos e surdos.

O médium Chico Xavier é o exemplo de mediunidade que se apresentará em todos, pois o que ontem era exclusivo para poucos, amanhã será uma conquista geral e natural para quase todos.

Esperamos que as transições se efetivem para que possamos perceber essas realidades e ver o quanto a humanidade se tornará muito mais espiritualizada.

Silenciando, Clarêncio abraçou Luciano carinhosamente e nos retiramos para que, no dia seguinte, pudéssemos acompanhar algumas tarefas espirituais ligadas diretamente à limpeza do planeta.

"O infinito nos aguarda a todos, não
importando quanto tempo levaremos para
nos reerguer, mas ainda é e sempre será
o tempo de recomeçar com Jesus."

Capítulo 6

Resgate nas trevas para exílio planetário

Estávamos a caminho dos trabalhos de resgate de alguns irmãos que se apresentavam com disposição para receber auxílio. Ao resgatá-los, uma equipe de espíritos mais elevados organizaria também o acolhimento de alguns companheiros das trevas que seriam encaminhados para outra moradia sideral, acelerando o processo de seus resgates nas condições favoráveis ao seu desenvolvimento.

Clarêncio e eu nos colocamos à disposição para o trabalho e Cláudio, um dos coordenadores, nos sugeriu que ficássemos junto à equipe de suporte e apoio. Dessa forma, poderíamos fazer nossas observações de forma útil e, ao mesmo tempo, atuar em benefício da tarefa.

Organizados e divididos em grupos menores, seguimos os orientadores e os guias do caminho, adentrando na subcrosta e levando junto, pelas portas do sono físico e em desdobramento, um companheiro encarnado, que serviria de médium de efeitos físicos por meio da doação de ectoplasma, ajudando-nos a concretizar algumas ações em que essa energia precisava ser usada.

Descíamos trilhas íngremes até que chegamos a uma gruta que lembrava um dos antigos templos secretos, com archotes e velas da época medieval acesas, deixando um ar pesado e com características de um ritual macabro. Mantínhamo-nos invisíveis às condições vibratórias dos companheiros do culto estranho, no qual haveria um sacrifício para evocar uma entidade das trevas profundas, conhecida como sendo um dos Dragões.

Numa grande pedra usada para sacrifícios estava presa uma moça desfigurada, seminua, maltratada por suplícios de toda ordem, que serviria para aquela prática de satânica intenção. Em todos os momentos procurávamos ter por todos eles um sentimento de compaixão, transmitindo vibrações harmônicas de paz e de amor.

Após alguns minutos de observação, Clarêncio falou ao meu ouvido, como se sussurrasse:

— André, estamos diante de um daqueles atos de adoração primitiva, no qual se deseja atrair uma entidade das trevas com grande domínio sobre os companheiros perturbados e perdidos que, a seu comando, têm provocado muita dor e sofrimento, não só aos encarnados como também aos desencarnados que se ligaram inconscientemente a eles.

Poderemos tirar dessas condições degradantes grande aprendizado junto ao caso de nossa irmã, antiga suicida[1], que necessita renascer em gestação frustrada para receber um choque vibratório por meio do seu retorno rápido ao mundo físico, criando assim uma leve melhoria nas condições de sua saída do planeta, para que possa resgatar seu passado com maior probabilidade de sucesso.

Ela está ligada intimamente a muitos desses companheiros aqui presentes, principalmente ao chefe dessa falange. No novo orbe poderão reiniciar suas caminhadas de redenção de retorno à casa do Pai, como foi descrito na parábola do filho pródigo.[2]

---

1 Alguns suicidas sofrem de dolorosas explorações por parte das trevas ao renunciarem imprudentemente a vida física perdendo, consciencialmente, o direito de zelar e responder pelo próprio corpo perispiritual, pois menosprezaram e eliminaram o corpo físico.

2 Lucas, 15:11-32.

Nosso interesse não é resgatar apenas a nossa irmã, mas, principalmente, o antigo judeu, nosso irmão das trevas. Ao executar esse programa traçado pelos nossos espíritos maiores, estaremos desfazendo um grande núcleo de trevas que sustenta essas regiões obscuras.

Agora, centremos nossas mentes na oração, pois já está quase na hora da ação planejada pelo alto. Um mensageiro do bem se fará presente a qualquer momento para o desfecho final, recebendo a colaboração do médium em desdobramento, que servirá de doador das energias do ectoplasma e que se mantém à distância com outros amigos que doarão suas energias, quando necessário.

Ficamos em silêncio e centrados na oração para auxiliar a tarefa.

O ritual começou e uma batida de instrumentos de percussão se fez forte aos nossos ouvidos. Se não tivéssemos realizado outras tarefas como essa, o ritmo nos teria despertado uma sensação de medo e angústia íntima. Fixamos mais ainda nossa mente na prece silenciosa para facilitar a atividade.

Num dado momento, o chefe do ritual pegou uma adaga e desferiu, num ato firme e forte, um golpe no meio do peito de nossa irmã que, na mesma hora, começou a dar gritos alucinantes de dor, mesmo estando semi-inconsciente. O agressor, com seu capuz escuro, parecia indiferente ao seu sofrimento e pronunciava palavras cabalísticas, evocando a entidade esperada. O ambiente estava sob uma luz bruxuleante, em meio a uma fumaça colorida e aromática, típica dos alquimistas do passado na condição de mestres da magia negra que, para impressionar as pessoas, deixavam o ambiente se impregnar com cheiros fortes, dentre os quais se destacava o de enxofre.

Todo o grupo encapuzado se ajoelhou e, em postura ritualística, estendiam as mãos para o chão e as levantavam, repetindo palavras ininteligíveis.

Neste momento, alguns desencarnados que estavam deitados em um canto da caverna na mesma posição de nossa irmã em sacrifício expeliam uma substância esbranquiçada muito parecida com o ectoplasma, que tinha por finalidade produzir a materialização da entidade evocada. Alguns momentos depois, apareceu um ser animalizado parecendo uma besta mitológica. Ele se mantinha naquela feição para imprimir medo e, ao mesmo tempo, admiração às almas despreparadas, que se posicionaram com as cabeças para baixo em sinal de respeito, quase todas ao mesmo tempo.

Neste mesmo instante, nossa equipe, manipulando as energias tiradas do médium, produziu uma grande luz que fez alguns daqueles irmãos correrem desesperadamente. Daquela claridade, surgiu uma entidade madura e iluminada.

Diante do ocorrido e com muita surpresa, a entidade personificada na figura do dragão falou com voz rouca e austera:

– Quem vocês pensam que são, filhos da luz, para se atreverem a entrar em nosso antro? Com quem contam para fazer essa ousada invasão? Quem são vocês para estarem aqui, intrusos infelizes?

E, com voz clara e firme, respondeu, numa expressão calma e convincente, um ser que se fez visível para nós naquele momento e que mais parecia um anjo das alturas:

– É chegado o dia de iniciar a sua redenção, caro Jeremias! Você não poderá mais fugir às responsabilidades que lhe cabem diante da justiça e do amor que regem a vida universal. Os olhos do nosso meigo Nazareno voltam-se para seu coração endurecido, sustentado pelos atos de ignorância e maldade, mas também cheio de dor e sofrimento.

– Não tenho nada com aquele verme que padeceu numa crucificação humilhante pela força dos poderosos que eu hoje represento. Eu sou da ordem desses mesmos seres que mandam no mundo e determinam as diretrizes de suas experiências coletivas. Saiam de uma vez por todas de nossos recintos! Isto é uma ordem! – exclamou a entidade em tom agressivo e implacável.

– O que é isso, Jeremias! Por acaso você não se lembra mais de nossas intenções de amor ao Nazareno quando buscávamos a nossa liberdade? Esqueceu-se de que almejamos refazer juntos os nossos caminhos? Hoje Ele nos dá a oportunidade de redirecionarmos novamente os passos para essa libertação definitiva.

Sua fala era tão amorosa que as energias de seu tórax atingiam em cheio a mente do ser endurecido e frio.

Numa ação que surpreendeu a todos, a entidade ajoelhou-se com gestos de profunda revolta e, entre lágrimas, desabafou:

– Quanta decepção! Não me faça lembrar aqueles dias do passado, quando esperei que o Messias nos libertasse das mãos inescrupulosas dos representantes da águia dominadora[3] que nos escravizavam aos seus interesses. A partir do dia em que o Messias foi crucificado, soube claramente que nunca alcançaríamos a liberdade para o nosso povo

---

3 A águia romana (em latim: *Aquila*) era um símbolo da Roma Antiga, sendo usada pelo exército romano como insígnia das suas legiões. (N.E.)

que sempre esteve nas mãos duras de nossos algozes. Nem os profetas nem o Messias conseguiram nos trazer o poder que tanto queríamos – disse a entidade com desespero e revolta, quase em pranto incontrolado.

– Jeremias, será que você não percebe que o cansaço o alcança e que suas ações de violência nunca lhe darão, verdadeiramente, qualquer sinal de libertação e sim algemas, como consequência dolorosa de suas ações precipitadas? Nossa real liberdade está dentro de nossas almas na exata medida em que sabemos nos libertar dos sentimentos da revolta, da violência, do ódio, da vingança e da brutalidade das emoções.

Precisamos reorganizar nossos interesses para outra direção e você hoje já sabe, no fundo de seu coração, que é chegada a hora da escolha mais precisa e verdadeira para seu espírito.

– Como? Quantas dores causei, quantos crimes planejei e executei? E tudo isso por nada? Se o Messias não nos libertou, eu e os meus nos libertaremos! Nem que seja a ferro e fogo! Se não for assim, a vida realmente não tem sentido nenhum, nem na realidade da matéria nem mesmo nessa dimensão, na qual só vemos uma eterna condição de dor e sofrimento.

Aproximando-se com carinho paternal daquele ser em extremo martírio e colocando a mão sobre sua cabeça, grande fluxo de energias descia sobre ele. Amorosamente, o amigo do passado falou:

– Você está se enganando, meu querido. O infinito nos aguarda a todos, não importando quanto tempo levaremos para nos reerguer, mas ainda é e sempre será o tempo de recomeçar com Jesus. Deixe-se ir comigo e desfrutaremos possibilidades de realizações superiores, conquistas essas que estão destinadas à sua realidade imortal. Seremos, um dia, viajantes da eternidade, e nessa condição poderemos nos reencontrar com nossos amores de ontem. Joana espera até hoje uma réstia de luz de sua transformação para poder caminhar a seu lado.

Ao ouvir aquele nome ser pronunciando, ele mudou completamente sua postura ereta e rígida e, mostrando um leve traço de humildade refletido em sua postura e em seus olhos, perguntou:

– Joana? Como ela está? Onde se encontra?

Após uma pausa expressiva em sua fala, na qual podíamos perceber a luta íntima que se travava em sua alma, ele voltou a falar:

– Eu sou um monstro. Como um criminoso como eu teria o direito de estar novamente ao lado daquele anjo de Deus?

Depois deste desabafo, colocou as mãos no rosto, cobriu os olhos, como se enxergar a sua realidade fosse demais para ele, e chorou amargamente.

Ao vê-lo recapitular sua vida diante da lembrança da sua amada e se entregar ao primeiro momento de arrependimento em muitos séculos, aquele nobre ser o acolheu nos braços, dirigiu um sinal de cabeça para o coordenador que organizou o resgate e, num ato de beleza indescritível, levou aquele fardo amado rumo ao infinito.

FUTURO ESPIRITUAL DA TERRA

Neste instante, com uma voz firme e forte, Eurípedes Barsanulfo, que era exatamente aquele que recebeu o sinal da entidade amiga, pronunciou um convite a todos que estavam ali presentes:

– Irmãos, a claridade do alto abre-se também para todos vocês nesse instante. Venham conosco e lhes proporcionaremos uma jornada em busca da paz e da recuperação.

Alguns daqueles espíritos desesperados que continuavam na postura adorativa, ainda de joelhos durante todo o diálogo, passaram a direcionar esta atitude para Eurípedes, que se aproximou de um deles e o acolheu junto a si, dizendo:

– Venha, meu irmão, Jesus o aguarda para a renovação.

Por minha vez, busquei aconchegar um desses espíritos ao meu coração, falando em tom fraternal:

– Venha, meu amigo, Jesus também o convida para uma vida nova.

E, imantando-o com minhas energias, pude levá-lo até uma maca improvisada, na qual iriam conduzi-lo a um posto de socorro adequado para ser atendido.

Quando olhei para Clarêncio, este fazia o mesmo e tinha em seus braços a irmã que sofrera a agressão e ainda estava semiadormecida. Ela recebia energias superiores do nobre mentor que cobriam todas as suas chagas e marcas de violência, preparando-a para os trabalhos de recuperação mais intensos no posto de socorro. Futuramente, a oportunidade do choque reconstrutor pela reencarnação melhoraria suas condições mentais.

Terminados os trabalhos de resgate, rumamos para um desses postos espirituais que servem de recolhimento de entidades desse padrão vibratório, preparando-as, em sua maioria, para o retorno ao corpo físico no futuro, só que não mais neste planeta em processo de redenção e sim numa moradia que lhes oferecerá possibilidades de libertação e crescimento em direção à harmonia e à paz.

Capítulo 7

Os exilados de Capela, Adão, Eva e a Serpente

No dia imediato aos últimos acontecimentos, algumas dúvidas pairavam em minha mente. Como seriam transportados todos aqueles espíritos em direção a um planeta tão distante de nosso sistema solar? E em que condições iriam para esse orbe? Eu sabia do desenvolvimento das viagens interplanetárias estudadas em nossa colônia que estão mais aprimoradas em recursos, muito além da realidade atual do planeta.

Clarêncio, observando minhas cogitações íntimas e atendendo às necessidades que poderiam se desdobrar para os nossos amigos da Terra, esclareceu:

— Sabemos, André, que o homem está destinado a explorar, cada dia mais, os novos tipos de energias e como tecnologias capazes de diminuir as distâncias astronômicas do Universo. O estudo dos diferentes níveis vibratórios criam verdadeiros mundos que coexistem e interagem, apesar de estarem em realidades diferentes. O conhecimento deste fato quebrará barreiras além das do som e da luz, desenvolvendo maneiras mais fáceis de viajar naturalmente no futuro, mostrando nuances da existência até agora ignoradas pela ciência humana.

Em se tratando de levá-los da Terra para o ambiente extrafísico do novo corpo celeste, usaremos naves interplanetárias oriundas de sistemas evoluídos cuja tecnologia já é empregada em nossa colônia e também em outras, aprimorando sempre os meios de transportes. Para a maioria dos homens despreparados, estas naves podem ser confundidas com verdadeiros óvnis.

Essas naves ultrapassam as velocidades conhecidas pelos homens e no futuro comporão a realidade humana, já que muitos de nossos técnicos ligados a esta tecnologia estão renascendo no planeta com a missão de melhorar a vida em todos os aspectos. Os espíritos com este potencial extraordinário de usar a ciência farão muito daqui para a frente. Serão inimagináveis as conquistas em todos os setores de estudos e o que hoje se conhece de mais sofisticado se encontrará totalmente obsoleto daqui a vinte anos.

Não tem nada de extraordinário no trabalho de migração entre orbes, levando em consideração que muitos já estão sendo levados para iniciarem esse processo de adaptação para a formação e o desenvolvimento do perispírito, tanto quanto do próprio corpo humano que lá será usado.

Foi o que aconteceu com os exilados de Capela que puderam aprimorar o corpo físico da Terra, ao longo do tempo, introduzindo nos protótipos primitivos os novos recursos que o aperfeiçoariam e que seriam transmitidos pela matriz genética de seus perispíritos ao corpo físico em formação, despertando potenciais adormecidos que hoje já encontramos em atividade na realidade humana.

Podemos dizer, pela simbologia descrita na Gênese de Moisés, que as Raças Adâmicas[1] já estavam sendo introduzidas na psicosfera do globo em formação que viria ser a Terra, para fornecer ao Cristo e a seus prepostos a possibilidade de implementar o desenvolvimento psico-fisiológico daqueles organismos em formação.

Muitos dos animais que estão entrando em extinção são

---

1 *A caminho da luz*, capítulo 3, "As raças adâmicas", autoria espiritual de Emmanuel, psicografado por Chico Xavier - Editora FEB.

levados junto aos exilados, como uma verdadeira Arca de Noé, introduzindo no novo orbe as mutações necessárias aos seus tipos e espécies mais aprimoradas e aproveitando os modelos já desenvolvidos em sua superfície. Nesse processo, muitos deles poderão sofrer mudanças no perispírito devido às condições químicas das substâncias e elementos de lá.

Os primeiros exilados chegam numa condição psíquica de profundo adormecimento consciencial. Podemos então, mais uma vez, fazer uma analogia com os ensinos do livro de Moisés, que faz referência ao fato de que Adão nasceria numa condição de "profundo sono"[2]. Este estado de entorpecimento da mente manteria seu nível de consciência muito próximo ao dos homens primitivos, fazendo com que os exilados mergulhem nessa psicosfera quase sem perceber direito o que está acontecendo. Esse estado de adormecimento, sentido pelos primeiros espíritos que nasceram no Egito, foi tão patente, que chegaram a descrevê-lo como se fosse uma metempsicose[3], que é a possibilidade de voltar a revestir corpos animais, crença esta que era aceita como realidade espiritual viável naquele tempo.

Essa primeira leva de companheiros espirituais promoveram um ajuste de desenvolvimento das matrizes biológicas e o

---

2 Gênesis, 2:21: "Então o Senhor Deus fez cair um sono pesado sobre Adão, e este adormeceu; [...]."

3 "O grande povo dos faraós guardava a reminiscência do seu doloroso degredo na face obscura do mundo terreno. E tanto lhe doía semelhante humilhação, que, na lembrança do pretérito, criou a teoria da metempsicose, acreditando que a alma de um homem podia regressar ao corpo de um irracional, por determinação punitiva dos deuses. A metempsicose era o fruto da sua amarga impressão, a respeito do exílio penoso que lhe fora infligido no ambiente terrestre." *A caminho da luz, cap*ítulo 4 "A civilização egípcia", autoria espiritual de Emmanuel, psicografado por Chico Xavier - Editora FEB.

despertar dos potenciais necessários ao uso de seus sistemas funcionais que, se dependesse do ser primitivo que se originou no planeta, levariam milhares de anos para o aprimoramento que esses companheiros exilados proporcionam como cooperação evolutiva.

Passado expressivo período de tempo, chega uma segunda leva de irmãos degredados com um nível de consciência mais desperta do que a primeira e também mais ligados ao desenvolvimento de seus potenciais emocionais. Fazendo uma referência ao surgimento de Eva, chamaríamos esse grupo de Raça Evânica. Neste enfoque, Adão e Eva seriam grupos de espíritos introduzidos neste planeta, em etapas distintas, e se encontrariam para consolidar a integração de valores íntimos, dando passos profundos para a criação da futura humanidade e introduzindo as primeiras lendas desses personagens como o surgimento dos primeiros homens.

Clarêncio parou por alguns minutos, para ordenar suas ideias, e continuou:

— Mais tarde chegaria uma terceira etapa de introdução desses agrupamentos espirituais e, neste grupo, os exilados não teriam o tamponamento da consciência como os outros, mas teriam um clima de revolta e brutalidade. Saíram de Capela com um grande grau de inconsciência moral. Ao reencontrarem os outros dois grupos já fixados no processo de despertamento, eles se ligariam, atraídos por afinidades cármicas, e o reajuste entre eles recomeçaria.

Devido ao desenvolvimento das condições planetárias nestes tempos, esse terceiro grupo já teria um número maior de espíritos e poderíamos localizá-lo simbólica e historicamente, falando na figura da serpente que seduz Adão e Eva para experimentarem o fruto proibido, despertando em suas consciências adormecidas todo o potencial psíquico do passado, através desse contato entre eles – Adão, Eva e Serpente. Com isso, os vínculos seriam refeitos e os recursos de inteligência acordados, rumando assim para a solução dos problemas de ontem que viriam como propostas de trabalho desse reencontro.

Com tudo isso acontecendo, o desenvolvimento da ciência em seus rudimentos acabará ocorrendo, para a solução das necessidades de sobrevivência da religião, em seus anseios de contato com a natureza espiritual e da filosofia que responderia às suas buscas por sabedoria. O surgimento destes recursos significará o lançamento das sementes que caem no terreno mental dos seres nascentes do planeta, germinando, crescendo e impulsionando o desenvolvimento de suas inteligências rudimentares.

O tema era fascinante demais, e Clarêncio prometeu se aprofundar nele à medida que os acontecimentos surgissem. Pelas próprias características das ocorrências, as informações descritas simbolicamente nos capítulos do Livro Sagrado dos Hebreus[4] seriam ampliadas. Este livro conta sobre o exílio dos irmãos saídos de Capela para renascerem na Terra com o intuito de auxiliar Jesus no desenvolvimento da humanidade que nascia naquele tempo.

Após aqueles entendimentos, dirigimo-nos para os trabalhos de ordem mediúnica, com o objetivo de resgatar seres extremamente perturbados e que seriam retirados dos grandes núcleos trevosos do fundo dos abismos.

---

4 Gênesis, 2 e 3.

Capítulo 8

Intervenções na memória dos espíritos recalcitrantes

Naquela noite em especial, fomos designados para operar junto ao trabalho denominado pelos mentores do alto como higienizador das sombras, no qual uma equipe de encarnados atua como médiuns de transporte e recolhimento de entidades profundamente endurecidas e ligadas a núcleos das trevas que, concentradas no mal, criaram uma psicosfera pestilencial nos campos subcrostrais do planeta.

Esta tarefa foi implantada em muitos centros espíritas da atualidade e estávamos focados em companheiros que se comprometeram com o resgate das entidades pertencentes às falanges de decaídos da Constelação do Cocheiro, um dos orbes da estrela Capela, e que ainda se acham extremamente endurecidos após séculos de experiências na Terra.

A maioria deles seria degredada pela segunda vez por se manter na intenção de prejudicar a evolução de muitos grupos ainda vinculados a eles, induzidos constantemente a ações perturbadoras junto aos encarnados.

Apesar de serem nossos irmãos em Cristo, eles poderiam ser classificados como verdadeiros criminosos espirituais. Grande parte era recolhida de forma inesperada, constrangida em suas ações e pega de surpresa.

Os degredados estavam sendo acolhidos carinhosamente pelo diretor do trabalho, nosso querido Cristiano, substituto do próprio pai na coordenação das atividades quando ele retornou, pela porta da reencarnação, a compromissos renovadores. Tivemos algumas oportunidades de trabalhar junto com Cristiano pelas linhas da intuição, quando ele ainda estava encarnado e atuava como divulgador da Doutrina Espírita e, sob a intuição de Emmanuel, tinha estudado a Bíblia, especialmente o Novo Testamento, de uma forma toda especial, dando interpretações particulares, palavra por palavra, dos versículos. No dizer do mentor de Chico Xavier, esses estudos são pérolas retiradas de um colar único no qual, cada uma delas, tem valor inestimável.

A tarefa que começamos a acompanhar tem sido referência para muitas outras similares por trazer experimentos novos, como, por exemplo, as cirurgias no campo da memória dos espíritos recalcitrantes.

Nessas intervenções, as recordações do passado são retiradas e armazenadas e eles são induzidos a reviver experiências desde a sua condição de princípio inteligente até a sua humanização, fazendo-os recapitular o processo evolutivo por meio de choques de vivências nos diversos reinos anteriores ao humano.[1]

Assim, são predispostos a reescreverem suas histórias evolutivas e, quando estiverem prontos, receberão de volta esse arsenal de lembranças para avaliá-lo e compará-lo com as impressões desenvolvidas depois da intervenção, podendo se desfazer do passado obscuro em um recomeço para suas libertações.

Uma grande equipe era utilizada para essa tarefa específica com técnicos de diversas áreas, desde os responsáveis diretos pela transformação moral destes companheiros até caboclos

---

1 Por não termos uma bibliografia que amplie e ratifique essas informações deixamos as orientações espirituais na integra para não correr o risco de omitir qualquer informação, ficando ao leitor o convite para pesquisar o tema mais amplamente. (N.E.)

e índios que auxiliavam na entrada e na segurança desses lugares trevosos como os irmãos recolhidos destes lugares e que, arrependidos de seu passado, trocaram de lado e ajudavam nos resgates, dando verdadeiras ordens de prisão às entidades capturadas de forma inesperada e mais uma falange de guardiões da luz encarregada de colocar as diretrizes do mais alto em prática.

Neste grupo, além de muitos outros trabalhadores, contávamos também com nosso amigo Negrão, uma entidade esclarecida que se apresenta na feição de um ex-escravo e vem exercendo o papel de orientação direta a um dos médiuns, em parceria com José de Arimateia[2], cooperador ligado à especialidade médica, formando assim um grupo preparado para auxiliar na limpeza do planeta.

Para evitarmos quaisquer expressões de vaidade ou curiosidade vazia, evitaremos falar particularmente dos trabalhadores encarnados, cujo grupo vem crescendo conforme a preparação preestabelecida de nosso plano para a concretização de tarefas desse teor.

Citaremos, a título de aprendizado, o caso de um dos companheiros encarnados que é médium nesse trabalho e que foi recolhido dessas tristes paisagens e se prontificou a auxiliar os companheiros perdidos como ele mesmo foi um dia. Como medianeiro, tinha uma compleição física mais robusta, atuando como verdadeiro guindaste ou elevador que, chegando ao lugar determinado pelo Plano Maior, utiliza-se do próprio perispírito como veículo de captura e transporte envolvendo magneticamente o espírito necessitado, para

---

2   Médico espiritual que atua junto à equipe de encarnados. Não existe nenhuma confirmação de que seja ou não o personagem descrito no Evangelho. (Nota do médium)

a retirada e encaminhamento para outro orbe, esvaziando dessa maneira os planos mais inferiores da Terra.

Esse trabalhador, em quase todas as ocasiões que atua, recebe das mãos sábias dos técnicos espirituais a recomposição de seu perispírito como se "ganhasse" outro novinho em folha, mas, mesmo com um corpo astral revigorado, mantêm-se nele as mesmas condições de seus abusos e escolhas pessoais, para que não haja uma proteção irresponsável diante do livre-arbítrio de cada um, como era comum de se dizer entre os orientadores mais diretos.

Essas explicações preliminares são necessárias para podermos descrever com mais tranquilidade alguns dos trabalhos realizados por essa equipe, que tem sido um exemplo para outras em crescimento nos centros que abraçaram o compromisso com a limpeza fluídica dos planos inferiores da Terra.

"Essas mentes poderosas são verdadeiros núcleos de influenciação negativa por meio da exploração das mentes humanas em seus pontos vulneráveis que se afinam com esses propósitos."

Capítulo 9

Psiquismo reduzido para evolução mais rápida

Dando continuidade aos nossos trabalhos junto àquele grupo de trabalhadores encarnados, estávamos diante de um quadro muito incomum aos olhos dos estudiosos das religiões espiritualistas, mesmo no círculo de nossos irmãos da Doutrina Espírita. Vínhamos realizar mais um resgate em região escura e, diante de um local que poderíamos chamar de covil, encontramos uma entidade deitada em posição fetal revestida de uma substância viscosa e escura. Era mantida em cativeiro completamente inconsciente, aprisionada por um grupo de espíritos rivais especializados na exploração das energias humanas. Esta entidade era um dos chefes de uma facção adversária que fora capturado e mantido escondido como prisioneiro.

Nossa atenção voltou-se para dois médiuns que atuavam em diferentes posições. Um deles acompanhava os fatos para a narração simultânea do atendimento à equipe encarnada, servindo como doador energético, e o outro, que tinha seus sentidos perceptivos tamponados, foi conduzido para junto daquele irmão aprisionado, imantando-o ao seu próprio campo vibracional para ser resgatado e posteriormente colocado em cúpulas de hibernação para transporte de degredo. Quando acordar, estará preparado para o renascimento no novo planeta ou terá de passar pelo processo de redução do perispírito, a fim de receber choques existenciais reeducadores.

O médium que se encontrava tamponado tinha seu corpo mental amparado por entidades técnicas de nosso plano, que faziam a reestruturação do seu corpo sutil, envolvendo-o com substâncias próprias retiradas dos médiuns sustentadores participantes do trabalho no plano físico, verdadeiras baterias de forças que viabilizam as importantes reestruturações perispirituais do médium. Esse procedimento era necessário em função da perda transitória do perispírito do medianeiro que serviu como revestimento de captura e resgate do sofredor.

Após esse aporte energético, uma explosão de forças iniciou o processo de limpeza dos miasmas pestilenciais que imperava naquela região, criando uma mudança de ares, queimando completamente aqueles elementos e transformando-os em fluidos novos para construção de um ambiente mais saudável.

Observando aqueles quadros, Clarêncio informou-nos:

— Presenciamos uma verdadeira incineração de um ambiente extremamente infeccioso, portador de agentes que provocariam grandes distúrbios patológicos, se entrassem em contato com os homens ou se fossem deslocados para a esfera física, onde causariam uma série de infecções virais ou bacterianas de difícil tratamento pela Medicina atual. Caso fosse possível a análise desse material astral virulento, os cientistas descobririam a origem de doenças nesses agentes infecciosos e em outros com semelhante constituição.

Essas mentes poderosas são verdadeiros núcleos de influenciação negativa por meio da exploração das mentes humanas em seus pontos vulneráveis que se afinam com esses propósitos. Com esta atuação, acabam se transformando em forças regeneradoras e direcionadoras dos acontecimentos cármicos, nos quais as pessoas envolvidas por elas resgatam débitos pesados do passado nas expiações ou têm os acontecimentos transformados em testes para a aferição dos valores da fé, redirecionando seus passos rumo ao bem maior.

Muitas vezes, esses espíritos são transferidos de planetas sem terem a menor ideia do que está acontecendo com eles, tentando reconstruir um domínio de trevas. Nessas condições, são apanhados pelas consequências de suas ações, que ressurgem para renová-los por meio de dores e sofrimentos.

Quando não são levados nas condições de um psiquismo reduzido e apagado, passam pelo procedimento de reiniciar a romagem evolutiva numa trajetória de recapitulação do pretérito milenar, em choques vibratórios, mas em condições mais rápidas do que a fieira comum de progresso. Com a base de sustentação da estrutura mental já elaborada em suas experiências adquiridas, eles redirecionam as conquistas como uma recapitulação do aprendizado, porém em campos novos. Introduzem-se por caminhos educativos que os farão mais fortes quando tiverem de rever o plantio do passado que emergirá do seu campo mnemônico, introduzindo-o aos poucos na sua memória atual para colocar em avaliação suas quedas no mal, mostrando que há sempre oportunidades de escolher fazer o bem, tanto para si como para aqueles que atravessarão seu caminho.

De qualquer forma, a Inteligência superior do Universo codificou as linhas do crescimento de todas as criaturas para a vitória espiritual da verdade sobre a ignorância, pela descoberta da essência divina que levará todos nós para uma união eterna de propósitos com essa Fonte de vida sustentada no amor.

Estamos fadados ao progresso que, no fundo, representa o encontro conosco mesmo e que faz com que este encontro se desdobre na mesma qualidade de encontro com o próximo e com Deus.

Calou-se Clarêncio em reverência à Sabedoria, e em silêncio caminhamos para trabalhos de aprendizado que nos aguardavam.

Capítulo 10

Reeducação dos que fazem justiça com as próprias mãos

Dando continuidade ao resgate, penetramos em um antro das trevas que gerenciava e comandava vários campos de exploração sexual e de drogas com objetivo secundário de sustentar uma indústria de abortos.

As entidades que comandavam estas atividades tentavam punir aqueles que os prejudicaram no passado ou aliciavam vinganças de outros que se colocavam como justiceiros, fazendo com que as vítimas de ontem se transformassem em algozes dos seus agressores. Entidades vingativas os procuravam com o desejo de entrar para o grupo a fim de aumentar suas possibilidades pessoais, integrando-se à falange do mal na prática de crimes que a justiça humana não puniu, mas que não ficariam despercebidos da implacável "justiça" daquele grupo cruel.

A justiça Divina computaria como ação reeducadora e sensibilizadora as responsabilidades quanto às escolhas de fazer justiça com as próprias mãos, criando para si os caminhos de recapitulação que deveriam trilhar com o fim de sentirem na própria pele aquilo que não deveriam causar ao outro, nem mesmo nas condições de revanche, onde o amor e o perdão deveriam surgir para colocá-los na posição sublime de pertencerem às escalas de espíritos nobres que aguardam a todos pelo trabalho de autoaprimoramento.

Muitos desses núcleos trevosos acreditam agir com autonomia, mas todos eles são vigiados e acompanhados de perto por protetores de hierarquia maior que permitem suas ações inconscientes e as direcionam para atingir funções educativas, transformando-as em material didático para o crescimento direto ou indireto dos envolvidos por elas.

Outros médiuns estão sendo preparados para executar o trabalho de resgate de um número maior desses companheiros perturbados, facilitando a ação dos amigos do Plano Maior, que buscam multiplicar essa tarefa com a da cooperação de vários grupos espíritas que trabalham no mesmo horário, possibilitando uma força-tarefa desdobrada.

No período em que esse núcleo desmantelou-se, muito dos antros que existiam na realidade material eram abandonados ou extintos e, no caso específico dos centros de abortos, os médicos eram descobertos em suas ações ocultas de explorar as irmãs inconscientes que tiram a possibilidade do renascimento pela prática do crime contra seres indefesos, contrariando os propósitos de elevação pelo qual o universo precisa passar.

Muitos dos trabalhos elaborados pelos nossos mentores são acompanhados pelas ações humanas que operam em sintonia e são estimulados por eles a desarticular, por "coincidência", esses mesmos locais no plano físico, acabando com todos os vestígios da criação perturbadora que aquele grupo sustentava como raiz de uma árvore inútil.

Naquele dia específico, o plano de operação conseguiu resgatar um grande número de irmãos, alguns de forma mais coagida e outros que se entregavam por livre escolha, demonstrando, neste segundo grupo, certa saturação das ações do mal que acabavam por lhes causar mais desarmonia do que satisfação em relação àqueles que perseguiam.

Entre as figuras atuantes, estava a presença respeitada do Apóstolo da Caridade, o nosso amigo Bezerra de Menezes que, neste caso, tinha interesse pessoal por uma das entidades recolhidas, um antigo laço de afeto. Mesmo apresentando o estado de inconsciência muito acentuado, o amoroso benfeitor fazia questão de acolhê-lo nos próprios braços por ora sem se fazer reconhecido, para que, no dia do despertar de sua consciência, estivesse diretamente ligado à sua renovação, vendo-o caminhar nos trilhos da redenção cuja amizade superior estabelecida no tempo poderia ser acessada e sustentada.

Conversando diretamente com esse amoroso irmão, ele mesmo nos informou:

– Este amigo de coração, em muitas de suas existências, esteve ligado a interesses políticos e de poder. Tivemos a oportunidade de conviver nesses cenários de experiências e ele fez muito por mim e por outras pessoas, por isso tenho por este espírito profunda gratidão.

Noto agora que ele se encontra pronto para iniciar sua escalada evolutiva nas linhas do bem. Embora tenha sido designado a fazer essa subida em outro planeta, farei questão de acompanhá-lo, dentro de minhas possibilidades, nessa trajetória de soerguimento, onde quer que ele se encontre, para vê-lo vencer as próprias imperfeições.

Conversamos mais algum tempo com aquele prestimoso amigo dos trabalhos espirituais vinculados ao Consolador nas terras brasileiras, a quem dedicamos grande carinho e amizade sincera.

Clarêncio e eu nos despedimos daquelas experiências enriquecedoras de resgate para trazer aos homens nossos conhecimentos e mostrar a quantidade de trabalhos organizados pelos amigos da realidade maior, no intuito de promover a limpeza da Terra, levando conosco a certeza de que, em alguns anos, esse planeta estará mais leve e não mais encontraremos, em seu seio profundo, a presença desses espíritos recalcitrantes no mal.

FUTURO ESPIRITUAL DA TERRA

Capítulo 11

A solidariedade mundial é padrão da regeneração

Encontrávamo-nos no meio de uma tarefa de socorro urgente advinda de um dos cataclismos que vem varrendo a Terra nesses dias de limpeza e aferições de valores espirituais dos encarnados e dos desencarnados envolvidos naquele drama. Uma grande tempestade inundou repentinamente grande parte das ruas daquela cidade, alagando muitas delas e ainda causando mais estragos com a força das correntes de águas do rio, resultando em muitas perdas materiais e em algumas mortes, por afogamento ou por deslizamentos de terra.

Nossa equipe procurava auxiliar no recolhimento dos desencarnados que estivessem intimamente abertos para o socorro. Muitos deles, apegados aos bens terrenos, prendiam-se a eles, impermeabilizando a mente contra qualquer perspectiva de auxílio direto e efetivo.

Resgatamos os espíritos de dois recém-nascidos cujos corpinhos foram engolidos pelo barro que deslizou rápido sobre os casebres paupérrimos onde a família, sem poder reagir ao acontecimento, foi pega de surpresa. Todos desencarnaram.

Muitos companheiros do plano físico juntavam suas forças para tentar recuperar alguns pertences e, principalmente, resgatar alguém que pudesse ter sobrevivido em meio aos escombros do soterramento que resultou num grande lamaçal.

A solidariedade desses momentos mostra que muitos homens já carregam um sentimento natural de fraternidade nas ações de socorro aos que sofrem. Infelizmente, surge um ou outro oportunista que procura se dar bem naqueles momentos de descuido e perturbação, tentando espoliar alguma coisa para si. São pobres seres que terão suas existências submetidas a doloroso processo educativo, que os ensinará que os bens pertencem a todos e que os verdadeiros donos de algo são exatamente aqueles que sabem adquiri-los quando possível, mas também sabem perder ou desprender-se deles quando necessário.

Entidades dos planos inferiores procuravam envolver um ou outro recém-desencarnado que se encontrava em estado de choque e desequilíbrio e mantinham natural sintonia com seus pendores e interesses, tornando-se presas fáceis. Nessas circunstâncias, não podíamos fazer quase nada a não ser deixá-los entregues à própria sorte, pois aquilo era resultado de suas escolhas. Estavam sendo procuradas pelos infelizes em declínio espiritual que queriam explorar suas energias e direcioná-las para seus interesses.

Observando aqueles fatos, Clarêncio falou em tom de muita compaixão:

– Como você vê, André, em momentos como esses cada um de nós apresenta sua verdadeira face espiritual. O heroísmo e a sobriedade são para poucos. A maioria é pega de surpresa e se entrega, quase sempre, a emoções perturbadoras onde o medo predomina quase por completo, fazendo com que se precipitem e se tornam joguetes inconscientes de irmãos infelizes. Precisamos compreender que, nesses acontecimentos de características catastróficas, quando muitos se entregam ao desequilíbrio emocional, há os que trazem consigo boas condições decorrentes de suas conquistas morais e pelas quais criam resistência contra o assédio do mal, acumulando créditos suficientes para serem resgatados e levados a nossos postos de atendimento.

Essa imagem mostra o quanto precisamos mudar a realidade das divisões sociais nas quais os desvalidos da sorte são os que mais sofrem perdas. É lógico que devemos levar em consideração o tipo de acidente geológico que ocorre, sendo que, no exemplo que estamos presenciando e procurando auxiliar, quem mais sofrerá, em todos os sentidos, são exatamente as classes mais vulneráveis.

Nesse meio, podemos ver algumas pessoas da classe mais privilegiada que estão perdendo seus bens devido à enchente, mas estes são, em sua maioria, sítios de descanso ou casa de campo. Essas perdas são quase insignificantes para os que possuem fartura de recursos, o que difere muito daqueles outros que lutaram para conseguir alguma coisa e que acontecimentos como estes colocam tudo a perder, acentuando ainda mais o seu sofrimento quando tem de assistir a morte de entes queridos sem ter o que fazer, sentindo-se impotentes diante dos acontecimentos que surgem inesperada e avassaladoramente.

São companheiros que aprendem no resgate do passado e pelas circunstâncias do carma coletivo a dar testemunhos de que suas consciências buscam se harmonizar perante a Justiça Divina, contra a qual agiram em oposição às suas sábias determinações, procurando o próprio bem-estar às custas do sofrimento alheio.

As catástrofes são um convite para refletirmos sobre como temos utilizado os recursos da natureza e as consequências do mau uso, seja ele de responsabilidade individual ou coletiva, convidando-nos a pensar mais naqueles que estão ao nosso lado, em situações mais precárias de sobrevivência. Essas ocorrências devem fazer com que os governos, cidadãos e pessoas de posse e poder venham a usar os bens e recursos públicos em auxílio e melhoria da vida de todos, evitando desviá-los para outros fins. Infelizmente, esse comportamento inadequado tem raízes na nossa história desde quando tivemos a oportunidade de nos envolver com a administração dos bens públicos.

A própria Terra começa a ajustar-se, fisicamente falando, para mudanças em todos os aspectos, sejam de ordem climática, na fauna e flora, ou na estrutura urbana e social para criar possibilidades de receber em seu seio seres com características diferentes dessa atual geração. Os que ficarem aqui terão de se adaptar a esses novos padrões de existência para acompanhar o crescimento que se fará daqui para a frente.

Se analisarmos profundamente o que é um mundo de regeneração, veremos que se refere, na verdade, a uma fase de transição que um orbe passa entre suas condições mais materiais, das quais o mundo primitivo e o de provas e expiações são o exemplo vivo, para se transformar em planetas espiritualizados como os de naturezas sublimes e divinas.

Tudo passará por reformulações organizadas pelas inteligências maiores, diretoras dessa transição, só que a parte mais brusca das transformações de um orbe em transição acontece exatamente quando o planeta está mais próximo de sua realidade de expiação e provas do que quando se aproxima da condição de mundo ditoso.

À medida que o mundo se aproxima desse estado evolutivo superior, essas mudanças são feitas sem causar danos para os seres que vivem nele, uma vez que eles mesmos já desenvolveram inteligência suficiente para lidar com essas mudanças e atuar sobre elas.

Clarêncio meditou alguns minutos antes de concluir:

— Dentro do possível, estudaremos esses grandes cataclismos para podermos auxiliar as equipes de apoio e resgate, bem como tirarmos reflexões dessa transição planetária que vem se efetuando cada vez mais em nosso planeta, consolidando sua realidade de mundo em regeneração.

Em silêncio, partirmos para auxiliar uma família que tinha parte de seus integrantes soterrados e precisava de nossa intervenção direta.

Capítulo 12

Jesus determina o fim das fronteiras idiomáticas

Ainda nas experiências de auxílio em grandes catástrofes, fui convidado por Clarêncio a participar de uma missão junto aos nossos irmãos norte-americanos, onde presenciamos a destruição causada por um tornado.

Pudemos acompanhar o trabalho ativo de amigos espirituais daquela região, ligados ao movimento da Fraternidade Branca, que rege e organiza os trabalhos nos campos espirituais daquele país. Acompanhamos de perto o resgate de muitos, cooperando com nossas energias do passe, trazendo conforto, colocando muitos deles em estado de sono e criando condições para serem acolhidos por trabalhadores cuja função era muito parecida com a de nossos samaritanos da Colônia Nosso Lar.

No contato com os irmãos da Fraternidade de Saint Germain, trouxemos orientações dessa linha espiritualista, como também aprendemos com a presença de outras vertentes dos movimentos cristãos de protestantes e católicos que já se encontravam despertos para a realidade imortal. Todos esses grupos se uniam para atender às necessidades espirituais diante daquela tragédia, fazendo um trabalho conjunto de auxílio.

Clarêncio, em dado momento, esclareceu-me com seus apontamentos superiores:

— André, estamos diante de um trabalho de aproximação dos planos espirituais da Terra, preparando-nos para uma universalização das tarefas socorristas e maior harmonização entre os espíritos do planeta. Jesus determinou que, para sermos uma grande família, precisamos destruir as fronteiras que separam os filhos de Deus. Esse passo ocorrerá primeiramente no plano espiritual para mais tarde ser introduzido nos planos materiais.

No futuro, novas formas de comunicação entre os seres diminuirão os impedimentos que os diversos idiomas criaram, estabelecendo um diálogo com base na transmissão dos sentimentos captados diretamente por uma mente já modificada, criando um real e efetivo entendimento entre todos.

Muitos pregam a necessidade de uma língua universal, mas se esquecem de que uma linguagem externa é ainda bastante superficial para que os corações se comuniquem entre si. O potencial mental da regeneração caminhará para contatos que vão ultrapassar essas limitações.

Ainda aqui, em nosso plano, são as dores coletivas que incentivam essas iniciativas, fazendo com que os espíritos de todos os quadrantes planetários se unam uns aos outros em coletividades espirituais. Os propósitos do Cristo são para que o planeta do amanhã seja regido por um só presidente ou governador encarnado na posição de liderança administrativa da Terra, onde todos serão vistos como irmãos.

Os atos de "amar uns aos outros" e "fazer ao próximo o que gostaríamos que fizessem a nós mesmos" serão a musicalidade dessa unificação, verdade esta expressa pelo verbo de nosso Regente Planetário, que é de caráter universal.

A possibilidade de contatar os irmãos de outros orbes passa pela necessidade e pela conquista de que estejamos vivendo como uma única nação. As diferenças serão apenas as das experiências individuais e de cunho coletivo com seus aspectos regionais porque, pela consciência e pelo coração, sentiremo-nos numa condição única de ligação.

Muitos irmãos de outros planetas do nosso sistema solar esperam que atinjamos esse estágio para entrar em contato conosco com maior expressividade, de forma a nos ajudar na reconstrução planetária e atingirmos estágios mais elevados de evolução.

A Terra tem sete níveis de campos espirituais em torno de si, e os dois primeiros apresentam aspectos mais próximos das condições humanas. Neles há divisão por idioma, religião e costumes que geram certo grau de separatismo. Na hierarquia dos planos espirituais, Nosso Lar está no primeiro nível e a colônia Alvorada Nova[1], no segundo. A partir do terceiro nível temos ainda outras colônias já libertas dessas limitações.[2]

Ocorrerá uma reunião entre as várias cidades espirituais próximas da Terra em que os representantes de nossa colônia estarão presentes para tomar decisões sobre essa unificação planetária. Além desses representantes, que são os que ainda se submetem de alguma forma ao aspecto separatista, devido às condições intermediárias de evolução, espíritos de escol de outras colônias e de cidades espirituais, que se localizam acima delas, estarão presentes e afirmam

---

1 "[...] Alvorada Nova, uma das colônias espirituais mais importantes que nos circunvizinham, [...]" - *Nosso lar*, capítulo 11 - "Notícias do plano", autoria espiritual de André Luiz, psicografado por Chico Xavier - Editora FEB.

2 "Pertence Asclépios a comunidades redimidas do Plano dos Imortais, nas regiões mais elevadas da zona espiritual da Terra. Vive muito acima de nossas noções de forma, em condições inapreciáveis à nossa atual conceituação da vida. Já perdeu todo contato direto com a Crosta Terrestre e só poderia fazer-se sentir, por lá, através de enviados e missionários de grande poder." *Obreiros da vida eterna*, capítulo 3, "O sublime visitante". autoria espiritual de André Luiz, psicografado por Chico Xavier - Editora FEB.

que o próprio Mestre se materializará neste conclave.

Estão próximas as possibilidades de crescimento da Terra que, em seu aspecto de perturbação, destoa consideravelmente de outras moradas redimidas e aguardam nossos passos mais firmes na busca deste objetivo.

Clarêncio silenciou por alguns instantes e pude então perguntar:

– Desculpe-me a indiscrição, mas você vai participar desse encontro em que decisões tão sérias serão tomadas em favor da Terra?

– Sim, meu filho. Integrarei a comitiva de Nosso Lar e responderei pelo Ministério do Auxílio. Talvez possamos colocá-lo na comitiva como repórter, para trazer algumas informações aos encarnados.

Fiquei surpreso com aquela possibilidade, pois não me achava portador de qualidades e responsabilidades espirituais que me credenciassem à participação numa reunião como aquela.

Como se lesse os meus pensamentos, Clarêncio voltou a falar:

– Não há privilégio nenhum em participar dessas reuniões; pelo contrário, é um convite para termos mais responsabilidades com nossos compromissos, já que estaremos abraçando deveres de maior envergadura. Sua presença entre nós é o fruto de seus esforços no trabalho de esclarecimento junto aos homens e, muitos deles, aguardam informações de sua parte. Nossos Maiores veem com bons olhos esse trabalho, pela oportunidade que as instruções têm de influenciar as responsabilidades cabíveis a eles nesse contexto de mudanças.

Podemos afirmar que outras reuniões deverão se efetivar com mais frequência daqui para a frente, para colocar em funcionamento as mudanças necessárias em várias áreas de atuação humana e que devem se direcionar para a harmonização.

Calou-se Clarêncio, e nos pusemos na ação auxiliadora junto àqueles que se separavam de nós pela simples limitação de idioma, barreira superada com a atitude fraternal que se abre como linguagem universal do amor e é representada nas manifestações da bondade.

Capítulo 13

A revolução na estrutura social tem base em cada ser

Estávamos em ação de suporte e amparo junto a uma passeata pacífica em favor das mudanças relacionadas ao Governo e apoiadas pela insatisfação com a realidade econômica do país. Ficamos perto de um grupo de entidades desesperadas que corriam para lá e para cá, buscando influenciar os manifestantes mais exaltados introduzidos por grupos de oposição partidária para criarem uma agitação, mesmo que isso significasse usar de atos de violência, mudando o caráter de reinvindicação pacífica para baderna generalizada.

O policiamento reagia de forma a conter as ações agressivas de quebradeiras e saques, acrescidas pela participação de grupos oportunistas infiltrados ali que, sabendo que essas confusões poderiam ocorrer, aguardavam para levar alguma vantagem.

A intenção desses encarnados que manipulavam as massas era a de tomar o poder, desacreditar as reivindicações e criar um clima de medo e revolta na população. Na verdade, serviam de instrumentos das mentes desencarnadas que, sentindo que o cerco se fechava sobre eles às vésperas da regeneração, aproveitavam as brechas de maior movimentação inconsciente para produzir turbulência e abalos morais.

Há também um grupo expressivo de encarnados que transfere suas insatisfações pessoais a terceiros, normalmente aos seus governantes, uma vez que são incapazes de alterar seu modo individual de viver. Em sua maioria, os integrantes desses grupos não assumem as responsabilidades de organizar e gerir de forma equilibrada os recursos que a vida lhes empresta e também administram mal seus relacionamentos em função do seu desequilíbrio emocional. Essa imperícia pode induzi-los a compensar as insatisfações nas fugas pelos entorpecentes, pelo usufruto do sexo descomprometido e pela compensação momentânea das diversões extasiantes.

Precisamos ressaltar que, ao lado de manifestantes perturbados, estão os muitos grupos equilibrados de familiares, amigos e trabalhadores que participam dessas reivindicações, procurando ressaltar o descaso das autoridades pelos problemas sociais do país, exigindo governantes mais conscientes e comprometidos com uma administração mais limpa e que direcione os recursos para a solução das dificuldades sociais que abatem a população.

Observando a perturbação e confusão generalizada que se estabeleceu, Clarêncio então falou:

— Muitos acreditam que as transformações necessárias devem ocorrer de cima para baixo, isto é, partir de líderes políticos, administradores públicos e empresários poderosos, para só então a população mudar suas atitudes e comportamento. Esperam que essas transformações ocorram de fora para dentro. Essa esperança ilusória criará neles um sentimento de decepção e frustração, pois somente se efetivará uma revolução mais profunda na estrutura social quando a intimidade de cada pessoa se apresentar renovada. Ressaltamos que os companheiros comprometidos com essas funções governamentais e administrativas deveriam ser os primeiros a dar o exemplo, como acontece nos planos mais altos da espiritualidade.

As atitudes de corrupção e desvios sempre estiveram presentes na história do homem. A maioria dos descontentes de hoje são os mesmos que ontem usurparam os bens e procuraram o ganho fácil, aproveitando-se das ocasiões em que essas facilidades surgiram. Na maioria das vezes em que pudemos escolher entre ganhar desonestamente e nos negar a adotar esta infeliz postura moral, escorregamos nos mesmos erros e anseios de usufruir em prejuízo dos outros.

A revelação das corrupções e do uso dos recursos coletivos em interesses pessoais surge hoje em função da necessidade de uma limpeza geral e profunda em todos os aspectos da existência humana.

Não é só no âmbito dos impactos sociais que as impurezas serão reveladas, mas em muitas ocorrências individuais que começam a surgir em todos os ângulos do relacionamento humano. Traições que são captadas e reveladas nas redes sociais; sociedades desfeitas por falta de ética entre os sócios; crimes que são revelados por denúncias anônimas, agressões e transgressões individuais que são filmadas, divulgadas e expostas à zombaria geral e enganos de todas as ordens vêm aparecendo nas menores circunstâncias para que o saneamento surja para todos.

Cada um enfrentará os resultados de suas próprias escolhas e a forma como lidam com as coisas, situações e pessoas. Diante das dores que aparecem é necessário mostrar as causas que as criaram para que os envolvidos não se sintam injustiçados. O convite para a mudança já foi estabelecido há muito tempo, pelos chamamentos religiosos que tem por finalidade ajustar a consciência do ser com a harmonia que rege o universo. Não podemos mais nos esconder por trás das religiões sem termos religiosidade, não podemos acreditar nos conceitos espirituais sem desenvolver uma espiritualidade interior.

A verdade chega para todos e os que se enganam são chamados pelas leis da vida para os devidos acertos de contas perante a justiça universal. Estejamos atentos, pois todos teremos de justificar nossas ações.

Que esses chamados nos cheguem quando estivermos com as mãos ocupadas no trabalho do bem e na reforma de nossos valores. Poderemos então apresentar a senha de entrada que dá o testemunho da nossa vontade de permanecer no planeta em renovação.

Não foi sem proveito que Allan Kardec descreveu as características do verdadeiro espírita identificado com a real condição em ser cristão: "Conhecereis os verdadeiros espíritas pelo esforço que fazem para domar as más tendências e inclinações."[1].

Estejamos conscientes das infelizes insinuações internas que governam nosso modo de ser, não as atendendo mais na regência da nossa existência, para conseguirmos ouvir os apelos profundos de nosso espírito imortal que a cada dia se faz mais vivo em nossa intimidade.

Silenciou o mentor em pensamentos profundos, para deixar em mim as reflexões quanto ao que devo fazer para, quando a reencarnação vier me chamar, eu esteja atento ao que devo realizar nos exatos momentos de aferição.

---

1 *O evangelho segundo o espiritismo*, capítulo 17, item 4 - Allan Kardec - Editora FEB.

"No mundo regenerado, o Evangelho será estudado por todas as áreas humanas na investigação da realidade imortal, buscando referência nos exemplos do espírito puro que caminhou na superfície do planeta."

Capítulo 14

O evangelho será estudado por todas as ciências humanas

Acompanhávamos um grupo de amigos espíritas do plano físico que realizava o estudo do Evangelho de Jesus e gravava seus estudos e bate-papos numa mídia de transmissão de informações denominada *podcast*, criando assim um material a ser assistido por muitas pessoas, não só no Brasil, como também em outras nações pelas quais tantos brasileiros se encontram espalhados, mas sem deixar de acompanhar os estudos doutrinários relacionados aos temas espíritas e evangélicos.

O expoente desse grupo tinha um compromisso com a divulgação dessas verdades, não só como orador e expositor, mas também como escritor. Como muitos outros, sua tarefa é a de espalhar as sementes da verdade para que germinem na mente dos que a buscam como inspiração para suas existências tão atribuladas nesses tempos modernos.

Observávamos aquele trabalho descontraído e espontâneo de conversação elevada, quando Clarêncio falou:

– O Evangelho sempre será a orientação segura para a caminhada nas lutas terrenas. Os companheiros que passam por tribulações na Terra precisam dos recursos que temos encontrado na Doutrina Espírita para interpretar os ensinamentos de Jesus. Os que não estão prontos e despertos para enfrentar esses embates surgidos a todo momento só encontrarão o apoio real nas orientações sobre Sua vida e mensagem.

Os exemplos do Cristo são referências para todos que se sentem perdidos e precisam de um direcionador do melhor caminho a seguir para encontrar a paz e a harmonia. Não é por acaso que os abnegados instrutores que organizaram as informações espirituais, catalogados por Allan Kardec, afirmaram ao codificador que o modelo e o guia para a humanidade terrena é Jesus.

No mundo regenerado, o Evangelho será estudado por todas as áreas humanas na investigação da realidade imortal, buscando referência nos exemplos do espírito puro que caminhou na superfície do planeta. Esse estudo já está sendo realizado nos planos mais elevados.

Só em contato com o nosso ser poderemos compreender e sentir os exemplos de Jesus e, para nos aprofundarmos no entendimento do Cristo, precisamos da ferramenta do autoconhecimento que fará surgir uma nova metodologia de estudos.

Somente com uma visão interior poderemos encontrar a sintonia com as verdades essenciais depositadas por Deus em cada um de nós.

O esforço dos amigos encarnados para divulgar a Doutrina da Verdade, seja daqui das Minas Gerais ou de qualquer recanto desta pátria-coração do mundo, é necessário a muitos que precisam de orientação para direcionar melhor sua existência. Oradores que esclarecem grandes grupos ou pequenas plateias fazem o mesmo trabalho de disseminar essa mensagem essencial para a vitória sobre si mesmo, dentro das lutas humanas.

Nossos irmãos precisam ficar atentos para que nos trabalhos como expositores, médiuns e escritores não se entreguem ao personalismo e à vaidade de sentir que são especiais ou missionários, já que esta tarefa foi exemplificada por um Ser que escolheu nascer numa manjedoura e morreu crucificado ao lado de dois homens catalogados pela justiça humana como malfeitores.

A humildade é a armadura para que esses companheiros cumpram a tarefa designada a eles, a de transmitirem o recado com que se comprometeram, pois foram preparados em nosso plano para tal, a fim de que, acima deles, seja o Cristo que sobressaia. Isso exemplifica a fala de João, quando afirmou que: "É necessário que Ele cresça e que eu diminua."[1].

E, passando a mão sobre a cabeça daquele colaborador que vem dando seus testemunhos na divulgação da Doutrina Espírita e do Evangelho de Jesus, arrematou, dizendo:

— Apoiemos quaisquer iniciativas que venham a melhorar a vida alheia, sustentando, por nossa vez, suas mais nobres intenções de vencerem a si mesmos nesta batalha contra as imperfeições do passado. Oferecemos todo o nosso apoio a esses corações que tanto se esforçam e tem colocado a própria alma nos compromissos abraçados, uma vez que esta doutrina representa o mesmo pão que Jesus dividiu entre os apóstolos na ceia anterior a sua crucificação.

Continuamos a observar e a inspirar o esforço daqueles companheiros que, junto de outros tantos operários do bem de todos os quadrantes do Brasil, abraçaram a missão de divulgar a verdade para que, quando despertassem no além, seja ela que os ampare na trajetória em direção ao infinito.

---

1 João, 3:30.

Capítulo 15

A maturidade pede que cada um saiba o que quer

Tivemos a oportunidade de acompanhar os trabalhos de divulgação doutrinária pelos livros e notamos acentuada preocupação com esse meio de divulgação, principalmente em relação ao livro mediúnico que, nestes dias, tem sido amplamente produzido.

Acompanhamos um médium escritor que no atual momento das lutas era combatido por trazer informações novas e que mexiam com a mente tradicional e conservadora dos que se acreditam defensores da verdade, na tentativa de preservar os princípios da Doutrina Espírita.

Inúmeras vezes a matriz desse comportamento é o medo e, na falta dessa percepção, defendem mais pontos de vistas do que realmente a preservação das verdades transformadoras que não precisam de defesa. Esses trabalhadores perdem assim a oportunidade de canalizar essa energia na edificação de suas renovações íntimas. Infelizmente, muitos se colocam como referência de autoridade dentro da doutrina, esquecendo que ela não é nossa, mas dos espíritos.

Sem pretensões de também trazer a verdade absoluta sobre o tema, devemos respeitar o comportamento de todos, entregando a Deus a melhor forma de nos educar para vivenciarmos a fraternidade que deve nortear os relacionamentos nos trabalhos pelo Espiritismo. É para este aspecto que nossos mentores dão maior importância. Dilatar o respeito mútuo não significa ter conivência com os erros alheios, e muito menos com os nossos. Caso contrário, identificamo-nos mais com os valores humanos do que com a grandeza espiritual que devemos alcançar.

Nosso amigo estava acompanhado pelas entidades que o inspiram e orientam em seus trabalhos de escrita mediúnica para a elaboração de mais uma obra de cunho reflexivo sobre as emoções, focada na carência afetiva, aspecto da vida humana que vem sendo a matriz de muito sofrimento entre os homens nestes tempos de solidão e ajustes existenciais, onde somos chamados a conviver melhor com nós mesmos em primeiro lugar.

Um amigo, de elevado nível, estava preparado para abordar este tema e era interessante notar que estava transfigurado em um preto velho, na mais pura expressão de simplicidade. Ele adotava esta personalidade que, na realidade, lembrava suas experiências do passado escravo que lhe proporcionou a entrada pela porta estreita da redenção.

Acompanhamos a disciplina do medianeiro que dedicava certo período de reclusão para trabalhar na psicografia, a fim de cumprir a meta de escrever mais essa obra com o objetivo de trazer importantes reflexões sobre a necessidade de nos amarmos, principalmente diante de tantas lutas de nossa alma na área do afeto, chamando-nos a desenvolvê-lo em prol do enriquecimento emocional.

Clarêncio, que acompanhava silenciosamente a tarefa, falou sobre esse tema tão desafiador para esses dias que a humanidade tem passado:

– André, vemos aqui o esforço de companheiros da nossa esfera em trazer orientações aos homens. Cada vez mais a mente humana se desenvolve, facilitando o intercâmbio que estamos vivendo. Cada um de nós deverá ler e reter aquilo que mais nos convém, deixando o restante das informações para os que necessitam delas. Estamos vivendo um tempo em que a maturidade pede a cada um que saiba o que quer alimentar em seu coração e o que é melhor para si.

Muitos encarnados no papel de dirigentes e orientadores nutrem preocupação com o grande número de obras mediúnicas que vem surgindo na vasta biblioteca espírita. Eles têm receio de que muitos destes livros introduzam informações deturpadoras aos princípios doutrinários organizados por Allan Kardec, assumindo a posição de preservadores da doutrina e evitando que essas informações influenciem as mentes que abraçam "tais conhecimentos".

Precisamos entender que, a partir de agora, cada um será chamado a ter uma consciência lúcida sobre esse assunto, para sabermos o que melhor nos caberá, referente aos esclarecimentos e estudos.

Esse é um padrão da mente que viverá no mundo de regeneração, menos dependente das orientações exteriores, necessitando buscar recursos na verdade que traz dentro de si e na identificação com os conhecimentos que lhe chegam. Chegará um dia em que as informações escritas não serão mais necessárias, pois nos transformaremos em livros vivos nos quais Deus escreverá por nossa forma de viver a cada momento.

Nesses instantes de transição, muitos livros surgem por parte dos irmãos desencarnados de todos os níveis evolutivos e vão atender a necessidades variadas de conformidade com o mundo íntimo de cada um. Por isso mesmo, Jesus, compreendendo a diversidade de interesses e modo de viver, falou com sabedoria: "Na casa do meu Pai há muitas moradas"[1], indicando que cada um de nós é um mundo que se movimenta em órbitas diferentes.

Mais do que nos preocupar com a quantidade de escritos feitos nessa perspectiva, busquemos na capacidade de amar uns aos outros o respeito que todos devemos ter com nossos irmãos de caminhada, no intuito de que a fraternidade não seja apenas uma palavra saída de nossas bocas, mas vazia em nossos corações.

Sabemos que existem grupos de entidades infelizes que querem deturpar os ensinamentos, que há "médiuns" que querem divulgar sua forma particular de interpretar os acontecimentos, que vários grupos mantêm as mentes fechadas a novas informações, mas a verdade predominará acima de tudo sem precisarmos atacar ninguém. Aqueles que se enganam, em quaisquer funções que ocupem, acharão nos propósitos sábios de Deus o esclarecimento e o aprendizado para corrigirem suas escolhas.

Não podemos ser juízes numa área em que todos estão comprometidos por desvios e enganos. Só o amor nos dará a autoridade correta para avaliar e criar uma disposição correta de auxílio, corrigindo aqueles que abraçam a tarefa de intermediários junto aos amigos de nosso plano.

Vendo o trabalho à nossa frente, abraçamos os companheiros da esfera invisível e deixamos um beijo de gratidão ao esforço mediúnico do irmão encarnado entregue ao serviço para o qual foi chamado a executar.

E saindo, Clarêncio ainda informou:

---

1 João, 14:2.

— Se os homens valorizassem mais o esforço e a dedicação de cada pessoa que se entrega a seus compromissos e tarefas, sobraria menos tempo para ficar vigiando e falando dos outros, ampliando as energias e disposições para cumprirem seus próprios deveres. Por nossa vez, dilatemos nossa compreensão para que, diante das críticas e oposições às nossas atividades, superemos essas predisposições infelizes a nascerem no mundo obscuro de nossas imperfeições, pois o amor pede entendimento.

Capítulo 16

O legado espiritual das raças adâmicas

Clarêncio e eu estávamos envolvidos no resgate de irmãos que há muito tempo se encontravam prisioneiros de suas crenças, hipnotizados pelas ilusões e cristalizações de seus pensamentos religiosos, vinculados ao movimento cristão nas linhas religiosas tradicionais.

Criaram para si a condição de verdadeiras múmias, paralisados por um sono profundo, aguardando o tão esperado anseio de libertação: a ressurreição do último dia.

Aguardavam que Jesus e os anjos viessem despertá-los[1] para a nova Terra – a Nova Jerusalém[2] – para que, na posição de escolhidos, pudessem usufruir dessa condição privilegiada, devido ao esforço que fizeram para entrar nesse paraíso, na adoção de uma forma rígida de adoração a Deus.

Era uma tarefa extremamente detalhada para a equipe, pois seria necessário ter um tato muito sensível ao despertar-lhes a consciência para não causar transtornos e perturbações diante da realidade que os esperava. O despertamento deveria ser feito da maneira mais tranquila e dentro de suas capacidades de recepção.

Um pastor que apresentava um nível espiritual elevado prontificou-se a ser o intérprete desse contato.

A equipe de apoio recebeu autorização para despertá-los com

---

1 *Os mensageiros*, capítulo 22, autoria espiritual de André Luiz, psicografado por Chico Xavier - Editora FEB.
2 Apocalipse, 21:2: "E eu, João, vi a santa cidade, a nova Jerusalém [...]."

a energização dos passes que há muito tempo era empregada nesse objetivo, precedendo a esse instante de acordá-los.

À medida que iam acordando desse sono, observavam o ambiente em torno sem ter clareza do que estava acontecendo. O local fora preparado adequadamente à maneira de um templo, com características dos seus cultos na Terra, para que se sentissem mais adaptados. Logo puderam perceber a presença de um pastor fazendo uma palestra na intenção de conduzi-los a participarem do culto, como se estivessem em plena assembleia.

Quando todos estavam acordados e participando, quase inconscientes, daquela reunião, ouviu-se a voz de uma irmã de nossa equipe num canto em louvor a Deus e ao renascimento para uma vida nova, que foi prontamente acompanhado por eles numa alegria inocente, pois aquela melodia tocava seus corações.

Terminando o louvor, o pastor falou em tom forte e convicto:

— Amigos, despertem para a nova realidade, Jesus convida a todos para uma jornada na qual serão organizadas outras funções para vocês exercerem. O paraíso de Deus chama-nos para continuar o trabalho de construir um mundo de paz e harmonia para todos.

Vocês serão conduzidos para nossa moradia e cada um de vocês será acompanhado por um irmão de crença, que estará à disposição para tirar suas dúvidas, esclarecer e orientar seus passos nesse recomeço, nessa ressurreição da carne[3] pela qual acabam de passar.

Enquanto nosso amigo falava para esses corações que des-

_____
3 Terminologia usada em várias religiões.

pertavam a fim de enfrentar os desafios futuros, Clarêncio veio trazer algumas reflexões sobre aqueles acontecimentos inusitados:

– Veja bem, André, esses irmãos acabam de acordar para a realidade imortal, mas se encontram, por hora, incapazes de compreender a condição em que se encontram e o quão distantes estão daquele paraíso imaginário, cultivado pelos seus anseios infantis de adoração e que só existirá quando todos nós o edificarmos em nossa intimidade, pela pacificação da nossa animalidade e pela identificação com o nosso espírito, fatores esses indispensáveis para a construção desse estado íntimo de paraíso.

Precisarão de um trabalho de doutrinação por parte daqueles que já acordaram para a visão superior de espiritualidade, para que não haja a possibilidade de causar tantos choques aos seus corações, visando a adaptá-los para a realidade extrafísica e desenvolvendo neles uma visão mais dilatada da Vida. É claro que estamos aqui diante de crentes sinceros que conseguiram adquirir razoável bagagem de qualidades morais que predispõe e facilita a execução de nossas tarefas.

Mas existem aqueles grupos de religiosos que sustentam uma inconsciência muito grande e não se encontram preparados para compreender a realidade de nossa existência, não podendo ser efetivamente despertados. Estes serão acordados em outro planeta, que os receberá para que possam introduzir os aspectos religiosos de suas tradições para os homens primitivos em desenvolvimento junto a eles. Correspondem ao exemplo do trabalho realizado pela raça judaica quando vieram em exílio para a Terra, introduzindo a adoração ao Deus único e a escrita de seu livro sagrado – a Bíblia – com toda a história de sua peregrinação, citando a formação do novo mundo, o paraíso perdido e tudo aquilo que será escrito, de forma simbólica, sobre o seu degredo para esse planeta.

Aqueles que apresentam condições espirituais para continuarem na Terra são dirigidos a mais amplos esclarecimentos e trabalhos de preparação para contribuírem, por sua vez, com a parte que lhes cabe na estruturação do mundo regenerado.

Com relação ao grupo que será deportado e refletindo o estudo das raças adâmicas que se dividiram em quatro braços, representando os quatros rios que desceram do Éden[4], encontramos na Terra os estudiosos da Bíblia – judeus; espiritualistas – indus; cientistas – egípcios; materialistas e ateus;- arianos.[5] Cada um desses grupos será chamado a contribuir com o novo Cristo planetário de acordo com seus compromissos específicos, auxiliando-o na edificação dos potenciais que precisam ser desenvolvidos naquele orbe em crescimento.

Se forem felizes nessa tarefa de germinação, voltarão ao planeta para reencontrar os corações que deixaram para

---

4   Gênesis, 2:10: "E saía um rio do Éden para regar o jardim; e dali se dividia e se tornava em quatro braços."

5   "[...] reuniram-se em quatro grandes grupos que se fixaram depois nos povos mais antigos, obedecendo às afinidades sentimentais e linguísticas que os associavam na constelação do Cocheiro. Unidos, novamente, na esteira do Tempo, formaram desse modo o grupo dos árias, a civilização do Egito, o povo de Israel e as castas da Índia." *A caminho da luz,* capítulo 4 - "Quatro grandes povos", autoria espiritual de Emmanuel, psicografado por Chico Xavier - Editora FEB.

trás, reunindo-se com eles e vivendo uma felicidade imperturbável.

Assim, como aconteceu com os espíritos que vieram para o nosso planeta, esses companheiros se juntarão por afinidade e estabelecerão os tipos de raças que influenciarão a formação da nova casa planetária, vindo a melhorá-la e aperfeiçoá-la na edificação de um homem mais completo em decorrência das características específicas de cada um desses grupos.

Após um breve intervalo para organizar melhor os pensamentos, ele voltou a falar:

— Aproveitando o ensejo desse assunto, voltemos a analisar a história de Adão e Eva. Adão é o tronco de raça nesse expurgo espiritual que, num primeiro momento, ajudará no desenvolvimento neuropsíquico e na implementação da coroa da razão iniciante. Eva é o segundo grupo de espíritos que abrirá oportunidade para o desenvolvimento das emoções e sensações para despertar no futuro os sentimentos elevados que vão bem além dos instintos herdados do estágio de evolução no reino animal.

Como vimos antes, a serpente é o terceiro agrupamento de exilados trazidos de Capela no estado de inconsciência do bem, trazendo a predisposição para a ação no mal, que os aproximou muito da realidade dos primitivos nascidos na Terra.

Esse estado de inferioridade é consequência da incapacidade de vivenciar a educação recebida pelos seres que tinham a razão mais desenvolvida, porém não moralizada – Adão; pelos espíritos que apresentavam um grau de emoções mais dilatadas ligadas às paixões – Eva, já introduzidos no orbe; e aqueles que eram mais ignorantes, predominantemente sensuais, brutos e que foram influenciados pelos dois grupos anteriores - Serpente que volta a reencontrá-los, aproxima-se deles e abre-lhes as portas para que pudessem renascer ali também.

Como filhos de Adão e Eva, vamos ver esse grupo reencarnado simbolicamente na personalização de Caim. Além desses companheiros, outro grupo de orientadores responsáveis por suas reencarnações, juntamente com almas nobres e alguns amores do passado, pedem para renascer junto deles, vindo na condição de missionários, com o intuito de introduzir princípios educativos e morais aos três grupos, surgindo nesse cenário personalizado como Abel.

Dessa forma, a miscigenação desses companheiros de jornada no tempo e no espaço iria viabilizar o aprimoramento das condições humanas, expressa em uma vasta gama de valores personalizados em Sete, Enoque, Abraão, Isaque, Jacó[6], e assim por diante.

Todo este processo mostra o encadeamento de todas as coisas que representam a jornada espiritual do ser na sua passagem pelos orbes do Universo.

Calou-se o mentor amigo, acreditando que essas informações já seriam suficientes para a compreensão dos estudiosos sobre toda a simbologia dos livros sagrados que apareceram na

6   A presença de espíritos como Sete, Enoque, Noé, Abraão, Isaque, Jacó, José, Moisés, Josué, Samuel, Rute, Ester, Davi e tantos outros luminares foram a expressão de Deus em prol da humanidade. (N.E.)

Terra, vislumbrando o trabalho ativo dos operários siderais para a elaboração paciente do desenvolvimento neurológico e psíquico do homem.

Saímos agradecidos pela oportunidade de aprendizado proporcionado pelas experiências daqueles irmãos que foram despertados naquela noite e que poderiam, quem sabe, dar os primeiros passos na construção de um paraíso eterno e verdadeiro.

Capítulo 17

O que nos convém fazer numa terra espiritualizada

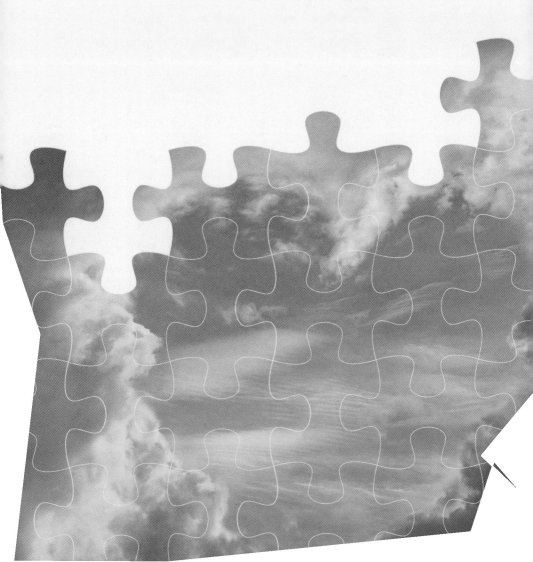

Dando continuidade ao nosso trabalho de estudos, estávamos desta vez em um posto construído espiritualmente numa região da Bahia, acompanhando os festejos de carnaval. Ficamos à disposição para dar nosso auxílio às equipes de amparo que montaram um verdadeiro hospital de socorro em favor de encarnados e desencarnados que, naqueles dias, viviam a liberação de vínculos espontâneos com entidades dos planos mais baixos e que procuravam também usufruir dessas sensações dentro das oportunidades que surgissem.

Quando muitos se entregam à busca irresponsável de prazer, abrem brechas para ocorrer experiências "descomprometidas" de seus resultados, possibilitando que obsessões e explorações energéticas ocorram com mais facilidade. As drogas e bebidas alcoólicas tem seu uso exagerado fazendo com que o domínio que as pessoas têm de seu próprio corpo e de sua vontade relaxe, a ponto de permitir que estímulos de entidades exploradoras em sintonia com suas emoções mais primitivas direcionem seus comportamentos e escolhas.

Muitos encarnados, distraídos, acabam por se comprometer a tal ponto que, quando caem em si, se veem aprisionados pelas precipitações que lhes marcaram as ações de alguns dias, complicando muitas vezes seu futuro, sem saber quando poderão se reequilibrar. Perdem dessa forma as oportunidades de crescimento que a vida lhes reserva.

Estar vigilante e comprometido com um comportamento mais equilibrado e reto é um grande desafio nesses instantes de chamamento e definição pelos quais o orbe vem passando.

Nosso papel ali era o de auxiliar no recolhimento dos desencarnados, criar apelos de inspiração para aqueles mais equilibrados e abertos à nossa influenciação mais direta para se manterem numa atitude mais consciente. Além disso, criávamos possibilidades para impedir as pessoas de se envolverem em problemas irrefletidos e de intervir em outras tarefas emergenciais que aqueles momentos pediam.

Ao observar toda aquela loucura na busca de satisfação dos sentidos, Clarêncio falou comedidamente:

— Os encarnados que se encontram nessas circunstâncias não percebem ainda o quanto deixam seu passado se manifestar, dando vazão aos instintos que temos de vigiar para não sermos dominados por eles. Esses anseios pela busca da "felicidade" dos sentidos têm feito com que muitas pessoas, relativamente equilibradas, se abram para dolorosos desvios que as conduzirão a uma roda-viva na qual perdem o controle de sua vida. Quando percebem onde estão, já não conseguem mais voltar às mesmas condições de vida que tinham antes, e se tornam presas fáceis nas mãos de obsessores que querem vê-los desequilibrados e perturbados.

Nesse trâmite da Terra, será necessário que as pessoas estejam sempre mais alertas e operantes para não escorregarem diante dos desafios impostos, surgidos com o intuito de guiar escolhas mais conscientes para a própria existência delas.

Diversão e lazer são áreas da vida humanizada do espírito, mas, à medida que a consciência do ser vai se dilatando para as expressões espirituais, todos esses anseios e buscas tenderão a uma plenitude, dando saltos para estágios mais elevados e nobres no campo do entretenimento. Todas as esferas dos valores terrenos sofrerão mudanças profundas quando a regeneração ocorrer de fato, apresentando em todas elas uma harmonia e um equilíbrio que traz transtornos ao íntimo das criaturas.

Hoje ainda estamos distantes desses fatos porque a maioria dos encarnados na Terra, jovem ou adulta, é composta de pessoas ainda presas à sua primitividade mais do que aos seus aspectos espirituais.

Ligar-se a drogas, álcool, sexo descontrolado e outros tantos desregramentos representa, aparentemente, uma porta fácil de entrar, mas a saída pode significar experiências de grandes sacrifícios.

É claro que as possibilidades de soerguimento para quem quer que seja, mesmo para os exilados, sempre existirão, mas enfrentar as lutas nas condições de esclarecimento encontradas aqui será mais tranquilo, em contraposição às situações mais complicadas cheias de obstáculos que o mundo de exílio oferecerá.

Dentro de uma perspectiva mais futurista, numa Terra a caminho de sua espiritualização, estaremos mais aptos a fazer escolhas pelas facilidades que este nível de evolução proporcionará. Precisamos estar atentos ao que nos convêm ou não fazer, para não corrermos o risco de pisar em terrenos movediços, pois, ao acordarmos, podemos nos ver em prisões criadas por nós mesmos, sem conseguir nos movimentar.

Clarêncio encerrou sua fala observando o burburinho daquela festividade que poderá representar descanso e lazer para alguns, mas, para muitos, são elos de uma corrente que significa a marca de uma penosa escravidão.

Capítulo 18

Cristo espera que não nos identifiquemos com o que não somos

Os Salões Verdes[1] estavam repletos de participantes de todos os ministérios de Nosso Lar. Em plena assembleia, aguardávamos uma palestra do nosso querido mentor Alexandre sobre o tema "O Amanhã da Terra", para esclarecer suas ocorrências transformadoras.

Nosso companheiro é bastante querido por todos e me sentia feliz em rever aquele que foi um verdadeiro mestre em minha jornada inicial. Estive também com ele, por algum tempo, em várias atividades no plano físico, entre elas a reencarnação de Segismundo[2], um amigo seu do passado.

A noite estava repleta de estrelas e uma lua de majestosa beleza cintilava no céu, como se até os astros quisessem assistir à palestra.

Alexandre entrou na assembleia, acompanhado por alguns ministros da Comunicação e do Esclarecimento, e irradiava uma impressão de bem-estar marcante. Depois de ouvirmos sublimada música que mais parecia uma prece feita por um coral de vozes femininas, desceu do alto uma chuva de energias condensadas na forma de minúsculas pétalas que nos atingiu como irradiações salutares, levando todos ao arrebatamento.

---

1 "Trata-se dos 'salões verdes' para serviço de educação. Entre as grandes fileiras das árvores, há recintos de maravilhosos contornos para as conferências dos Ministros da Regeneração; outros para Ministros visitantes e estudiosos em geral, reservando-se, porém, um de assinalada beleza, para as conversações do Governador, quando ele se digna de vir até nós." *Nosso lar*, capítulo 32, autoria espiritual de André Luiz, pela psicografia de Chico Xavier - Editora FEB.

2 *Missionários da luz*, capítulo 13, autoria espiritual de André Luiz, psicografado por Chico Xavier - Editora FEB.

Saudando a todos, Alexandre começou a falar num tom de natural expressão:

– Que as bênçãos de nosso Pai caiam sobre todos os seus filhos que retornam ao caminho do bem sobre o abrigo dos trabalhos inspirados por Jesus! O espírito é a ação de Deus no silêncio da criação manifestada muito mais em essência intangível que nas expressões da realidade densa.

Para que nossos irmãos encarnados sejam tocados por reflexões mais profundas, os acontecimentos devem atingir suas pobres percepções por meio de acontecimentos drásticos ou fenômenos que atinjam coletividades. Só dessa maneira muitos se mobilizam para a reconstrução e para o apoio que precisam oferecer. Infelizmente, tiram conclusões precipitadas e distorcidas de que essas ocorrências colocam em risco suas existências, deixando evidente o quanto estão distantes de sintonizar com a vontade d'Aquele que nos criou para operarmos o bem, que é a base do Universo.

Somos chamados a assumir a herança divina que Ele depositou em nossa intimidade como semente de perfeição e que deve aflorar em nossos pensamentos e sentimentos – veículos da manifestação de nosso ser – representando o núcleo energético de nossa criação infinita.

Estes dois centros da vida – Deus e nós – representam a forma de produção com que o ser se manifesta na matéria para dar corpo à Ação Criadora. Deus criou o Universo, livro sagrado de Sua sabedoria, e o homem vem aprendendo a ler este livro e a repetir o ato de cocriar por meio de palavras, pensamentos e ações.

As construções inferiores edificadas quando desvirtuamos o nosso pensar e o nosso sentir devem ruir para que possamos reconstruir os níveis de manifestação.

O Mestre de nossos corações determinou que a Terra entre na órbita de sua espiritualização e este movimento não está ligado à rotação, nem à transladação, mas sim, a uma atividade de ordem interior a nascer dos seres que a habitam e que deve sustentar seus movimentos espirituais dentro do sistema sideral, ritmo esse que determina o movimento dos orbes redimidos.

A voz do Cristo repercute no íntimo de nossas almas a nos chamar: "vinde a mim vós que estais sobrecarregados".[3] Ele espera que larguemos, de uma vez por todas, as cargas inúteis de nossas ilusões que nos identificam com aquilo que não somos.

Sua chamada amorosa aparece dizer: "Filhos de meu coração, ampliem suas possibilidades íntimas e nosso Pai se fará mais presente em todos, pois vocês têm mais luzes que a maior das estrelas que existe no Universo e mais forças que qualquer fenômeno da criação. Sois todos a vontade operante da Sabedoria que espera que cada um seja a expressão pura das verdades eternas, uma obra-prima de belezas em movimento constante de criatividade e um jardim com flores e perfumes que venham trazer paz e felicidade onde se apresentarem.".

Seu convite é para caminharmos por uma estrada diferente de todas pelas quais já passamos em nossas conquistas exteriores, que nos levará à porta estreita das veredas do coração.

---

3 Mateus, 11:28.

É nos sentimentos sublimados e nobres que iremos encontrar Sua presença permanente e viva. Não existe templo mais divino do que aquele que escolhemos ser na expressão de nosso espírito imortal. É exatamente em nossa essência que está a diretriz que transformará a Terra em um planeta divino. Não se pode esperar a elevação de nossa morada a níveis mais altos sem que, como agentes dessa transformação, façamos isso, em primeiro lugar, em nós mesmos.

O amanhã dessa moradia planetária estará repleto de seres aprimorados pelas duas asas que os farão voar além da atmosfera material. A primeira é a sublimação da razão baseada numa justiça sentida na direção do próximo, afirmando a bem-aventurança dos que tinham fome e sede de justiça, o que significa dizer que não esperamos a justiça de fora nos alcançar, mas temos uma necessidade profunda de sermos justos. A segunda é a plenificação dos sentimentos suaves e elevados como a compaixão, a misericórdia e a abnegação, expressões do amor e qualidades do espírito. O planeta do amanhã apresentará a beleza como característica de todos os habitantes de seus espaços, independentemente da dimensão que os envolva.

Quanto mais o homem se espiritualizar, mais as barreiras vibratórias em torno da Terra deixarão de existir e os planos incorpóreo e material pulverizarão suas diferenças para se tornarem um só no encontro definitivo com nosso Pai de amor.

Alexandre parecia uma estrela. Nossos olhos estavam em lágrimas pela sintonia com as energias que o envolviam e tocavam nossa sensibilidade. Parecia que a presença do Cristo se aproximava da sua mente, e esta passou a ser instrumento do Verbo celestial.

Sua palestra continuou em tons transcendentes e extraordinários até que, já no final, Alexandre mudou sua feição e postura, transfigurando-se para todos nós em autêntico fenômeno de materialização espiritual de um ser de beleza infinita que deixou o recado final para nossos ouvidos atentos e admirados:

– Amados de meu Pai, vocês são a esperança nestas horas de mudanças que essa escola de almas precisa enfrentar para que expresse a mensagem única da criação – o amor como marca de Deus – legada a todos e deixada em tudo. Ninguém resistirá a essa força que envolve a vida nos mínimos detalhes.

Os seres proscritos desse educandário abençoado estarão matriculados em uma instituição educadora, já que o propósito da Sua sabedoria e amor é desenvolver os germes dessas mesmas qualidades adormecidas no fundo de suas inteligências.

Não há erros ou distorções nos planos de Deus. A percepção incorreta só se verifica quando as coisas parecem não acontecer no âmbito das limitadas deduções dos que ainda não sabem abranger com sua visão a presença da Bondade por trás de tudo, criando sempre um redirecionamento para despertar-lhes a grandeza interior.

A Terra, mãe de todos os seres que pisaram em seu seio abundante, é destinada a engrandecer-se e proporcionar àqueles que viverem em suas paisagens diferentes aprendizados e experiências pelos caminhos retos da Verdade.

Ao entrar definitivamente em direção à categoria de um orbe sublimado, a Terra estará aberta a receber a ação universal de todos os seres que estão ao seu lado, seja em outras dimensões, seja em outras moradias planetárias. Todos lhe proporcionarão recursos e lhe abrirão os braços, acolhendo essa esfera de luz que, como o filho pródigo que retorna à casa de seu Pai, estará entrelaçada pelos corações de todos os outros filhos que já vivem no seio da felicidade imperturbável. Ela estará, a partir de agora, envolvida pelas vibrações dos que são reconhecidos por muitos se amarem, assim como o Pai vos tem amado, e continuará a amar, na eternidade.

Sob o impacto de forte emoção, a palestra terminou com um abraço coletivo. Nossas almas tornaram-se mais leves ao assimilarmos o sentimento de solidariedade daquela comunidade de irmãos felizes por viverem aqueles momentos divinos.

"A espiritualidade maior está utilizando
lutas edificantes relacionadas às
readaptações sexuais das criaturas
para mudar aquilo que precisa evoluir."

Capítulo 19

Homem ou mulher?

Encerrados os trabalhos da noite, estávamos com amigos queridos em plena saída de uma instituição espírita de grande cidade quando nos deparamos com um fato bastante frequente e sobre o qual seria importante tecer algumas considerações, pois tinha relação com nossas atividades espirituais.

Sob a nossa vista tínhamos um casal de homoafetivos e, como este é um tema muito debatido atualmente, seria interessante refletirmos um pouco dentro do assunto.

Clarêncio, vendo o casal se afastar, pediu para que o acompanhássemos em suas observações sobre o mundo em processo de regeneração.

Aos poucos, o casal foi se sentindo mais livre para atitudes de carinho e afeto e dirigiu-se para uma comemoração em um local de encontros e lazer característico de casais homossexuais, em que se sentiam mais à vontade, já que ali não encontravam tantas resistências ou críticas.

Observando atentamente o ambiente, Clarêncio falou:

– Veja, André, como ainda nos encontramos debaixo de uma realidade social em pleno processo de transição que afeta vários aspectos nos quais o homem atua, destacando aqui os relacionamentos amorosos. Devemos a esses trabalhadores espíritas o maior respeito e carinho em função da seriedade e dignidade com que assumem suas responsabilidades na vida, bem como a todas as criaturas em suas escolhas, principalmente no âmbito da busca afetiva que está estreitamente ligada ao aspecto sexual, nas condições atuais de evolução, tanto para homossexuais quanto para héteros.

Se a felicidade é um estado ainda distante para a maioria de nós é porque ela está, até então, associada ao prazer que se torna a base para muitas pessoas se sentirem realizadas e felizes.

Vendo os casais que trocavam carícias e carinhos, e outros que simplesmente mantinham um bate-papo alegre e descontraído, Clarêncio continuou suas observações com um sentimento de profunda reverência:

— Sabemos que o trabalho de adaptação ao corpo e às transformações pelas quais essa estrutura deve passar, para expressar melhor a inteligência individualizada, fará com que as características do campo material sejam modificadas no tempo, aproximando-se gradualmente de suas qualidades reais. Hormônios, predisposições psicofísicas, funções biológicas, expressões personalísticas, condicionamentos diversos, papéis sociais exercidos nas funções de mãe, filho, pai, profissão, homem e mulher, todos esses fatores são expressões do estado atual da sociedade que precisa ajustar-se a novas funções para que, no amanhã, a organização e as atividades sejam outras.

Romper com tradições, condicionamentos e características da retaguarda é uma luta presente em todos os quadrantes do planeta. Podemos afirmar claramente que hoje o mundo é dividido em três grandes grupos: os homens, as mulheres e as pessoas com características entre essas duas disposições mentais e físicas, chamados na atualidade de homossexuais. Este, na verdade, é um dos aspectos para fixar as características do homem futuro, que não ficará subordinado às posições dessa trindade – homem, mulher, homossexual – no reestabelecimento do equilíbrio da arquitetura humana.

Chegará o dia em que as características do homem serão a harmonia desses dois polos e o ser não será nem homem nem mulher, mas espírito no uso equilibrado das forças criadoras. A maioria das criaturas que hoje passa por essas expiações e provas se apega muito mais ao uso de suas energias sexuais que à funcionalidade corporal em si. No futuro ultrapassarão esse marco e imprimirão no orbe um grau maior de respeito na relação afetiva. Nessa realidade, a reencarnação de um ser com características acentuadamente femininas em um corpo masculino ou vice-versa não terá lugar, pois o espírito regerá as forças hereditárias recebidas e determinará o sexo conforme sua natureza íntima.

Nas atuais circunstâncias da existência, o plano superior utiliza desses desafios para causar o escândalo[1] nas estruturas enfermiças do preconceito, do machismo e de tantos comportamentos extremistas. Muitos dos espíritos nestas experiências pediram-nas como provas e outros sofreram sua imposição dentro da lei de causa e efeito, para promover experiências de aprendizados, resgates e ajustamentos. Ao mesmo tempo, servem como instrumentos para o desenvolvimento do respeito que deverá um dia existir para todos os aspectos da relação entre os seres, a fim de que a aceitação em relação ao outro e a si mesmo seja a base da fraternidade que regerá a vida comunitária. Romper barreiras do preconceito, dos pensamentos fecha-

---

1 Mateus, 18:7: "Ai do mundo, por causa dos escândalos; porque é mister que venham escândalos, mas ai daquele homem por quem o escândalo vem!"

dos e constatar a realidade do espírito sobre a influência das células físicas mostra que o ser é mais importante que seu corpo físico e seus conceitos.

— Mas como ficam os comportamentos violentos e os crimes ligados à homofobia que têm aparecido com tanta frequência nos noticiários da Terra?

— Não são diferentes de outros tantos crimes anunciados nos meios de comunicação que apresentam o mesmo fundo de intolerância em relação às diferenças, sejam políticas, raciais ou outras tantas. Qual é a diferença deste comportamento agressivo ainda predominante em irmãos mais primitivos em relação aos casos de violência sexual em crianças ou de agressão contra mulheres? Não são todos desvios espirituais?

Os tempos de renovação chegaram, em que a sementeira de ontem convida a mudanças de hoje aqueles que foram motivo de escândalo e que são chamados pela lei a refletirem sobre suas escolhas e a observarem suas tendências. Graças à capacidade de os corações endurecidos do passado se sensibilizarem à dor, os agressores de ontem passam por essas experiências, solicitadas por eles mesmos, para sentirem na própria pele o que fizeram ao outro.

Muitos perguntarão apressadamente se é necessário "pagar" pelo crime que se cometeu para evoluir, como se Deus fosse um carrasco antes de ser Pai; um vingador, e não um Educador. Precisamos esclarecer que a maioria pede experiências semelhantes com objetivos educacionais e não punitivos; aprende, assim, a não fazer com o outro o que não gostaria que fizessem a si mesmos.

Não estamos debaixo de uma lei fria, mas sim de uma ação amorosa e justa. Muitos desses irmãos inconsequentes, que seguem seus próprios impulsos e anseios, parecem ser peças de cumprimento da justiça em desígnios preestabelecidos pelo plano superior, mas isso não é verdade. Eles seguem a força da sintonia e de atração, em que a ignorância educa a ignorância, como pedras que se atritam a fim de se transformarem para propósitos mais úteis.

Entidades mais lúcidas, mas ainda ligadas ao mal, tentam induzir as mentes brutas em suas intenções infelizes, e assim dominá-las, criando um ambiente psíquico vibratório que atrairá pessoas que precisam passar por essas expiações, decorrentes de agressões semelhantes executadas por elas no passado, com o intuito de se sensibilizarem e nunca mais fazerem o mesmo com ninguém.

É lógico que essas ocorrências são mais complexas e detalhadas do que essa abordagem rápida de nossos apontamentos sobre a lei de ação e reação, que, para ser compreendida em profundidade, exige estudo apurado. Aproveitamos esse tema para refletir sobre as transformações bio-psíquico-espirituais que devem ocorrer para a fixação dos caracteres do homem do amanhã. A espiritualidade maior está utilizando lutas edificantes relacionadas às readaptações sexuais das criaturas para mudar aquilo que precisa evoluir.

A sabedoria de Deus sempre aparecerá acima das experiências espirituais e físicas que servem para o desenvolvimento da inteligência. Quando todos esses seres estiverem caminhando pelos trilhos retos da evolução, verão que tudo isso que antes chamava a atenção e causava constrangimento foi necessário e não guardam importância pelo modo como eram evidenciadas, compreendendo a transitoriedade destas pela edificação de sua liberdade real.

As experiências humanas com os órgãos do corpo físico e sua funcionalidade deixarão de ter a importância que tinham e precisavam ter em certo período, para que os valores venham a florescer na intimidade imortal.

Clarêncio calou-se, observando nossos amigos espíritas que lutavam pelo bem por meio do auxílio ao próximo e abraçavam tarefas de responsabilidades nobres, em que seus esforços são tão iguais quanto os de seus irmãos heterossexuais. Em se tratando de espíritos na condição humana, todos trazem os mesmos anseios de felicidade e as mesmas limitações e tendências do passado, e ninguém possui algo que os caracterize como especiais ou exclusivos para destacá-los entre si. Todos buscam as mesmas conquistas, mas tropeçam nos mesmos obstáculos dentro da estrada chamada Eternidade.

"O céu e o inferno são escolhas de cada um que os procura e deles se alimenta em forma de substâncias específicas."

Capítulo 20

Viver em um planeta não é para satisfações fantasiosas

Trabalhávamos para a edificação da paz na Terra, influenciando a mente dos encarnados para que não entrassem em sintonia com o pessimismo imperante no ambiente planetário, principalmente no Brasil, pelo comportamento dos corruptos e de desvios de conduta.

A humanidade tem uma visão limitada da existência, acreditando que a escassez de recursos, os desafios de sobrevivência, os transtornos no clima e outros tantos fatores mais difíceis devem estar circunscritos aos campos de visão negativa que só enxergam catástrofes e coisas ruins.

Nosso apelo aos companheiros de jornada é para que desloquem seus raciocínios aos campos da confiança e da tranquilidade, sustentando um nível de percepção e entendimento mais alto de onde verão que tudo tem uma finalidade de transformação. Aqueles que se encontram desconfiados da vida acreditam que ela é uma expressão imediata e superficial, sem um objetivo maior por trás de tudo.

Os amigos da Doutrina Espírita, junto a outros religiosos conscientes, devem adotar uma postura equilibrada e aproveitar desse instante de instabilidade causada pela falsa sensação de segurança ligada a posições e posses para despertar o estado de garantia na única realidade de verdadeiro valor: o seu espírito imortal.

Centrar na ação operativa do bem, transmitir confiança e positividade pelo exemplo de conduta e orientar pela disposição sincera de ser útil são as melhores atitudes para a construção de um mundo com características de superioridade.

Acalentar o desespero e o medo é dirigir e caminhar para precipícios e sofrimentos perturbadores.

Nunca houve tantas mensagens edificantes como as que agora existem, e nunca foi tão fácil transmitir informações com tanta velocidade e capacidade como ocorre na atualidade. Devemos alertar, porém, que não é só para aspectos elevados que tudo isso é favorável, mas também para as induções destrutivas e desvirtuadas da ordem e da paz.

A divulgação em massa de cenas de violência e de comportamentos desequilibrados está em todos os lugares e envolvem pessoas de todas as idades, espalhando terror e calamidades. Em contrapartida, não faltam exemplos reais do amor, da abnegação e da caridade, enviando aos quatro cantos as reflexões nobres que criam estados de segurança e confiança nos estímulos elevados.

O céu e o inferno são escolhas de cada um que os procura e deles se alimenta em forma de substâncias específicas. No caso do céu, essas substâncias são a alegria, a paz, a aceitação, a compreensão, a bondade e muitas outras virtudes. Em se tratando de inferno, remetem a raiva, inveja, mágoa, ciúme, maldade, entre outras emoções difíceis e dolorosas. O filtro para qualificar aquilo que buscamos é de caráter individual e segue a tendência daquilo que mais impressiona e sustenta nossas intenções.

A importância da educação em torno dos assuntos da espiritualidade, que nunca se apresentará ultrapassada, é necessidade coletiva e essencial para a felicidade humana. Daqui para a frente o ser mudará o seu padrão de entendimento e assimilação para atender à sua maturidade e para adquirir uma compreensão profunda.

Clarêncio, acompanhando minhas reflexões e análises elaboradas pela observação das ocorrências que atuavam sobre o planeta, veio acrescentar suas informações esclarecedoras:

– André, as experiências coletivas que ocorrem em todos os lugares do Globo chamarão cada vez mais a atenção dos homens para que assumam a necessidade de se amarem sem distinção. São convites inadiáveis para romper as barreiras de separativismo e exclusividade, a fim de que possam ver que a dor que afeta o outro é a mesma que nos atinge.

Não podemos prescindir da ação de cuidado com a coletividade descrita claramente na fala do Cristo e que repercute em todos os ouvidos: "Amai ao próximo como a si mesmos". Esta recomendação não é teoria ou filosofia vazia, é uma lei que se aplica como única solução dos problemas que afligem as criaturas terrenas.

Com esta verdade, porém, aprenderemos a dividir para saber usar e preservar. Usaremos os recursos por meio das trocas naturais sem o acúmulo desnecessário, conscientes de que se sobra aqui é porque faltou ali. A importância que damos a nós, devemos dirigi-la ao outro. A mesma ilusão que alimentamos em nós, deslocamos para o próximo. Assim, mudaremos a forma de nos tratar e também ao semelhante. Procuraremos nos interessar mais por qualidades interiores, como as virtudes e os valores morais, que por reconhecimento pessoal, pela posse de bens ou pelos papéis sociais que exercemos.

É necessário chegar a esse grau de dor e desespero para valorizar o simples e o verdadeiro, traduzidos pela forma como nos relacionamos. Só quando buscarmos a felicidade conjunta alcançaremos a alegria duradoura.

Sabemos que a limpeza astral é necessária, e que fatos mais graves acontecerão, para que aqueles que foram preparados por nós permaneçam firmes diante dos desafios da transição e despertem para a necessidade de mudar a forma como enxergam a existência. O machado foi colocado na raiz das árvores e, nessa linha de entendimento e de anseio na forma de viver, não ficará uma só que não dê frutos.

Outros tantos deixarão o orbe levando consigo a lição de que a vida em um planeta não acontece por mera brincadeira ou satisfação fantasiosa. Serão essas as lições que lhes marcarão, assim como Caim foi marcado por matar Abel, carregando consigo os sinais[1] de suas irreflexões dolorosas.

Após pequena pausa, fiquei imerso em pensamentos que pareciam pressagiar fatos dolorosos sob a ação de grupos humanos inconsequentes, assim como fenômenos geológicos dolorosos. Clarêncio, identificando minhas interpretações, continuou:

– Não veja em minhas palavras profecias apocalípticas com a finalidade de gerar medo ou assustar mentes despreparadas. São apenas conclusões óbvias das escolhas de cada um.

Alertamos aos que procuram a luz em si mesmo a influenciar, pelo exemplo, os que caminham ao seu redor, para que tenham consciência de que a harmonia e o equilíbrio são indispensáveis ao comportamento de todos.

O medo que tem sido a marca generalizada do homem preso ao seu passado será regido pelo sentimento de serenidade e amor, agentes libertadores de sua transmutação.

A chamada de cada um ou de um grupo específico está

---

1 Gênesis, 4:15: "[...]. E pôs o Senhor um sinal em Caim, para que o não ferisse qualquer que o achasse."

ligada à maneira como têm vivenciado suas escolhas, e virá de fora em sintonia com o que trazem por dentro.

Optemos pela ação edificadora no bem, e o Bem Maior aparecerá para todos como a solução de nossa subida no monte da espiritualidade.

Só aqueles que elegem a escuridão acharão as trevas que acalentam em si próprios como metodologia educativa na retomada de novos rumos que os levarão ao crescimento em direção à luz.

Sejamos firmes em nossa romagem para que nosso exemplo fortaleça as almas tímidas e inseguras, incentivando-as para a mesma disposição de servir Àquele que nos aguarda há milênios com os braços abertos, dizendo: "Vinde a mim amados do meu coração, pois vos preparei o lugar e agora tens o direito de usufruir da felicidade que sempre existiu e que é o da comunhão com Deus nosso Pai dentro da Eternidade.".

Capítulo 21

Reencarnações desperdiçadas

A reunião corria bem até que um grupo de desencarnados desesperados foi trazido para atendimento e causou certo tumulto. Chegaram ao ambiente de trabalhos mediúnicos cheios de vibrações pesadas e perturbadas, provocando imediatamente uma mudança no comportamento geral da equipe de servidores encarnados.

Os médiuns iam captando aqueles irmãos perturbados conforme a sintonia mental e emocional causada pela aproximação de suas características pessoais. Assim permaneciam prontamente, ao lado de cada um deles, como se fossem uma esponja a absorvê-los, preparando-se para a manifestação que ocorreria de forma bastante inconsciente, já que aquelas entidades não tinham a menor ideia do que estava acontecendo.

No intercâmbio com os médiuns eles eram interpelados por uma voz que lhes chegava aos ouvidos com estímulos acolhedores aos quais eles respondiam quase mecanicamente, sem que seus pensamentos seguissem uma ordem ou uma sequência lógica, tal era o grau de desordem mental.

Pareciam verdadeiros robôs transmitindo a sensação de estarem perdidos, dificultando ainda mais para os médiuns a identificação das entidades.

A tarefa daquela noite proporcionaria a eles um choque anímico, como primeiro passo para lhes dar alguma luz, iniciando dessa forma um tratamento mais aprofundado que lhes despertaria maior grau de percepção de quem eram.

O auxílio necessitava ser repetido para que, aos poucos, recuperassem suas lembranças pessoais e os fatos que antecederam seus desencarnes, e pudessem se abrir para a realidade que os aguardavam.

Esses espíritos foram resgatados depois que sofreram um desencarne em grupo, pegos de surpresa em um incêndio numa casa noturna. Estavam desorientados, pois de uma hora para a outra veio o susto, a perturbação geral, o corre-corre, fazendo com que as coisas piorassem ainda mais. Drogas e bebidas já tinham sido consumidas em exagero e a capacidade de ação estava completamente comprometida. Dessa forma, a tragédia estava consumada.

Para o plano espiritual, o trabalho de emergência se desdobraria de forma a acolher, de imediato, alguns irmãos que possuíam o merecimento de não passar por sofrimentos maiores e apresentassem condições de ser socorridos. Porém, grande parte deles não teve a possibilidade de compreender o que estava acontecendo e permaneceram desligados da realidade, pois não tinham como enfrentar aquela situação inusitada.

Vários desencarnados que também se divertiam ali se assustaram com o ocorrido, apresentando as mesmas condições de muitos recém-desencarnados. Nesse momento, o ambiente astral da casa noturna fora invadido por um bando que disputava com outros desencarnados, de inferior condição, a possibilidade de posse e domínio das vítimas e seus acompanhantes espirituais, para levar aquelas "presas" invigilantes aos seus antros de exploração e subjugação energéticas.

Devido ao despreparo religioso, faltava-lhes a capacidade de se autoproteger e, pela entrega ao vício e à irresponsabilidade, muitos daqueles jovens estavam como verdadeiros zumbis a ponto de, com o tempo, perderem suas identidades.

Estava planejado para aquela noite o resgate de parte desses recém-desencarnados que se encontrava em cativeiro. Eles apresentavam uma condição mínima para o resgate articulado por uma de nossas equipes espirituais, que também dariam início ao tratamento de abertura mental deles para a realidade imortal.

Clarêncio e eu ajudávamos no trabalho de acolhimento e preparo psíquico dos que recebiam o choque anímico, acompanhando-os depois de saírem daquela condição de consciências amortizadas pelas vibrações inferiores. Em pouco tempo eles começariam a cair em si, e descobririam o desfecho de suas ações e escolhas precipitadas que definiriam um novo destino dali para a frente.

Para esclarecer melhor, Clarêncio acrescentou:

— André, a maioria dos irmãos está despreparada para viver e assumir as responsabilidades que a existência pede no desenvolvimento dos seus potenciais. Esses espíritos enxergam apenas a perspectiva do prazer e da diversão, distorcendo os objetivos reais a que são chamados. Após a desencarnação, amplia-se para eles o peso das oportunidades perdidas.

Grande parte dessa geração ainda segue os preceitos da chamada geração *hippie*, criando uma possibilidade de viver de maneira descomprometida e deslocando as mudanças que precisam realizar na vida prática para o âmbito dos ideais utópicos direcionados ora para a política, ora para a filosofia existencialista, na esperança de um mundo melhor.

Mesmo nos movimentos ativistas, quando são chamados a executar suas ideias, sentem-se perdidos, incapacitados e sem reação, buscando saídas fantasiosas ou um escape pelas drogas para suas fugas mentais. Para complicar ainda mais o processo, tornam-se joguetes dos grupos exploradores, que se sentem no direito de controlar seus destinos mesmo após sua morte.

Vários são filhos de pais que, numa tentativa de dar tudo a eles, acabaram por tirar-lhes as possibilidades de ação consciente na evolução, atrapalhando suas jornadas de aprendizado.

Nesta fase de evolução, o ser identifica-se com a realidade material e com as sensações corporais ligadas, principal-mente, ao prazer que a existência lhes proporciona. Não assumem responsabilidades nem compromissos e procuram sempre o que é de fácil ganho, o que não requer esforço para adquirir.

Apesar de ser um grupo com ideais nobres, apresenta uma fraca disposição para concretizá-los, caracterizando as reencarnações que parecem ter pouco aproveitamento para a reforma e o crescimento do ser. Essa é a fase mais difícil de mudanças para o espírito que sai da infância espiritual e passa a ter consciência de suas ricas possibilidades e poder de realização, até então não utilizados. Por estarem despre-parados para tomar posse de sua herança divina, querem usufruir ao máximo da oportunidade da vida, criando a fantasiosa condição existencial de viver para aproveitar tudo enquanto é tempo.

Muitos desses espíritos terão de se saturar dessa postura até que as decepções e as frustrações lhes preparem o psiquismo para enfim buscarem um objetivo maior. Como a Terra não tem mais lugar para oferecer experiências de resgate para este tipo de entidade, a possibilidade de deportação é muito grande, e lhes será proporcionada a oportunidade de descobrirem que a vida não foi feita para mera diversão, chamando-os a responsabilidades espirituais e ampliando suas decisões em direção a metas mais relevantes. Não podemos classificá-los como maus, mas imprevidentes e imaturos. Muitos deles serão a mola propulsora de transformação e revoluções para o mundo que os acolherá, na atuação que não conseguiram fazer aqui em nosso planeta por estarem presos à esfera dos ideais e sonhos irrealizáveis.

Se permanecessem aqui, ficariam agarrados a esta realidade e perderiam o ensejo de crescimento mais rápido e menos doloroso. Se no novo orbe alimentarem a revolta ou a preguiça, entrarão em sintonia com os que não querem se renovar, criando as estruturas dos planos espirituais inferiores no orbe em formação para servirem de provas e expiações tanto para si mesmos como para os que se afinem aos seus interesses.

A dor da separação de seus entes queridos, a reflexão sobre o tempo perdido e a consciência de que buscaram uma felicidade utópica serão o impulso para suas transformações diante das energias estagnadas pela ausência de aproveitamento dos recursos recebidos da Providência Divina e pela sua falta de esforço pessoal. Serão impulsionados em suas ações por um dinamismo de operosidade, o que contribuirá para o seu desenvolvimento de todas as áreas de crescimento e a solução dos desafios a serem enfrentados de uma vez por todas.

Vários irmãos estão sendo chamados para essa mudança por intermédio de acidentes como esse, e esse chamamento se desdobra para seus pais e educadores, que não souberam lhes orientar para abraçar maiores responsabilidades.

O sofrimento será o verdadeiro mestre proporcionando a esses irmãos reflexões tardias, mas úteis, para que sua visão, antes limitada, abranja ângulos mais profundos da existência. Seus pés serão recolocados nos trilhos corretos para que se aproximem do encontro consigo mesmos, se assumindo como espíritos eternos, filhos de Deus, e possam cumprir a parte que lhes cabe no desenvolvimento universal da Vida.

Acolhamos esses amigos em nosso regaço depois de receberem os choques anímicos, preparando-os para o despertamento em nossa realidade, com novas possibilidades de trabalho no desenvolvimento do ser imortal.

"No futuro, a humanidade dependerá cada vez menos de equipamentos exteriores, encontrando em si mesma os recursos mais perfeitos dos quais todos esses elementos superficiais são apenas uma cópia muito limitada."

Capítulo 22

Avanços tecnológicos em mãos inconscientes

Em nosso campo de observação, analisávamos os meios de comunicação em seu rápido desenvolvimento na área da telefonia, da computação e das telecomunicações, proporcionando bem-estar e crescimento.

Se por um lado estes recursos concorrem para o aprimoramento da vida, apresentam também um lado preocupante. Eles vêm aprisionando as mentes invigilantes, que se entregam ao entretenimento para matarem o tempo que deveria ser empregado em ocupações produtivas relacionadas ao despertar espiritual.

Necessidades essenciais de sobrevivência obrigam as pessoas a trabalhar e ocupar positivamente seu tempo; não fosse isso, grande parte delas comprometeria demasiadamente suas encarnações por se prenderem nesses recursos como meio de fuga de suas realidades.

Sabemos que esses instrumentos têm utilidades benéficas e, no futuro, sua utilização será para fins superiores, como já ocorre em nossos planos de ação. Na verdade, o desenvolvimento dessas tecnologias e transformações nasce aqui no plano extrafísico pela inspiração dos responsáveis por esse setor. Esses responsáveis podem, inclusive, vir a reencarnar com o intuito de levar ao mundo físico as inovações neste campo da inteligência.

Temos assistido a luta enorme de muitos pais para que seus filhos assumam as responsabilidades escolares e as de casa, surgindo daí verdadeiros conflitos e às vezes até atritos mais violentos. Essas crianças não encontram prazer nos deveres simples que lhes cabem no aprendizado de enfrentamento da realidade. Não querem se comprometer com coisas sérias, que para elas não tem graça, não divertem. Buscam, então, esses aparatos como um meio de se sentirem felizes.

A importância de uma educação exemplar é necessária para o direcionamento desses espíritos. Os próprios adultos, porém, são também escravos desses mecanismos, não encontrando autoridade própria e suficiente para tomarem medidas inadiáveis nesse sentido.

A evolução tecnológica, nascida para o crescimento e o bem-estar, vem se transformando em um grande problema que precisa ser resolvido de forma salutar e equilibrada.

Nosso mentor amigo, ao analisar essas lutas, trouxe algumas reflexões sobre o tema:

– É importante salientar que esses instrumentos nas mãos de pessoas esclarecidas e conscientes tem uma finalidade completamente diferente nas mãos de pessoas inconscientes. Para que esses recursos tenham o aproveitamento adequado e sejam utilizados com proveito, exige-se certo grau de maturidade. É lógico que a maioria das descobertas, nesse sentido, está sendo elaborada para os espíritos com maior possibilidade de utilização que amanhã estarão vivendo no planeta.

A maioria das pessoas que buscam essas tecnologias, cada dia mais sofisticadas, de forma inadequada, procura uma substituição de aperfeiçoamento do mundo íntimo. Essas pessoas encontram nesses instrumentos a projeção dos próprios valores que precisam desenvolver, criando uma autoimagem e a falsa ideia de que realizam aquilo que não conseguem no campo dos relacionamentos interpessoais do dia a dia.

A vida apresenta características sérias e convida o ser a objetivos elevados, mas ele está sempre preso aos condicionamentos do uso inadequado da tecnologia. Ao se relacionarem com pessoas a distância, acreditam agradar a todos e serem mais bem aceitos, criando falsas expressões de suas capacidades. Isso quando não utilizam esses recursos para atrapalhar ou prejudicar alguém, em vários aspectos, desde o emocional ao econômico.

Existem muitos desenvolvimentos tecnológicos aguardando para chegar ao homem, esperando que ele tenha condições e aptidões como o respeito em seus relacionamentos, o direito adquirido pelo equilíbrio, a disposição ao trabalho, o merecimento sincero, a afetividade bem conduzida e tantas outras virtudes que o avalizem a ter acesso a esses recursos.

Vários recursos têm sido desperdiçados ou desvirtuados de seus objetivos nobres, satisfazendo o desequilíbrio, o abuso e até mesmo o crime. A qualidade espiritual da humanidade deverá crescer para que a vida fique mais fácil de ser vivida, possibilitando que o auxílio e a aplicação das tecnologias ajudem na evolução. O aprimoramento das técnicas e instrumentos ocorre para o benefício coletivo, para a diminuição dos obstáculos e para o aprimoramento da inteligência.

No futuro, a humanidade dependerá cada vez menos de equipamentos exteriores, encontrando em si mesma os recursos mais perfeitos dos quais todos esses elementos superficiais são apenas uma cópia muito limitada. E, pelo amor e pela capacidade de beneficiar a todos, aprenderemos a viver essencialmente.

Capítulo 23

Espíritos amadurecidos ligam-se a Deus

Partimos em direção aos trabalhos daquele dia com o intuito de contribuir com nossas energias na reconstrução dos perispíritos mutilados e destruídos por catástrofe ocorrida no Nepal. Este país tem suas estruturas históricas e tradições espirituais ligadas ao Hinduísmo e ao Budismo, que deixaram um legado de templos e estruturas sociais e religiosas de valor inestimável. A natureza, porém, é implacável, e não respeita as construções humanas, por mais expressivas que sejam, destruindo-as e mostrando a transitoriedade de suas criações.

Auxiliávamos, diante daquele povo simples, os planos espirituais que coordenavam e orientavam os trabalhos. Foi criado um pronto-socorro de emergência em pleno local, onde fazíamos diversas intervenções. Em nosso caso específico, atuávamos na função de médicos cirurgiões, com a diferença básica de que não usávamos os instrumentos cirúrgicos comuns da Terra, e sim nossas capacidades mentais de concentração e de energização.

O despreparo espiritual ainda é muito grande, não importa em que parte do Globo estejamos. Aquela região teve a base de sua crença religiosa em Krishna e em Buda, que deixaram o rico legado de suas experiências e conhecimentos. Como seus seguidores e continuadores não apresentavam o mesmo grau de evolução de seus mestres, não conseguiam manter a aplicação plena daquelas verdades.

Em se tratando de crença religiosa, muitas criaturas ainda necessitam se apegar a imagens, rituais e símbolos para se sentirem tocados em seus anseios de adoração, o que lhes transmite segurança e garante a expressão da fé.

A religiosidade e a espiritualidade pura ainda estão distantes de muitos e até mesmo nós, da realidade extrafísica, passamos por uma transição de conceitos e experiências. Temos que, aos poucos, desmaterializar nossas tendências e atos adorativos para compreendermos que o estado de religiosidade deverá nascer dentro de cada um, no templo vivo do espírito.

O que dificulta a ação da espiritualidade maior no auxílio ao homem, em todo o mundo, é a própria formação religiosa que ele traz e colocada em evidência quando chamados para nossa realidade. Os seres chegam aqui como verdadeiros analfabetos do espírito, apegando-se demasiadamente às manifestações exteriores trazidas de seus conceitos religiosos. Muitas dores e desilusões ocorrem quando são chamados a dar passos mais adiantados neste sentido, já que novos horizontes se abrem constantemente para este entendimento.

Excetuando-se alguns grupos que representam almas mais amadurecidas e despertas, as religiões ainda permanecem caracterizadas por formas infantis de adoração, necessitando caminhar para o amadurecimento que o mundo de hoje exige.

Foi exatamente esse aspecto que mais me fez sofrer em minhas experiências após a morte[1], pois precisava abrir mão de minhas concepções antigas e arraigadas para que eu crescesse e ampliasse meu olhar em direção às grandes manifestações e objetivos de Deus.

Os trabalhos universais de cooperação socorrista estavam

---

1 *Nosso lar*, capítulo 1, autoria espiritual de André Luiz, psicografado por Chico Xavier - Editora FEB.

acontecendo nos planos espirituais da Terra que ocorria, crescentemente, pelo propósito de unificação, com base na fraternidade que não tem pátria nem religião.

O universo é a nossa morada e o amor deve ser a religião de todos os seres conscientes.

Retornando das nossas atividades de amparo e aprendizado, Clarêncio veio ao encontro de meus raciocínios, abrindo reflexões diferentes para o meu entendimento e o de nossos irmãos terrenos:

— A função de toda religião é promover uma identificação com quem somos e nos religar profundamente com Deus. Perceber nossa qualidade essencial cria uma relação com a Paternidade divina, com o nosso próximo, e nos prepara para usufruirmos dos recursos existenciais.

Um espírito amadurecido não segue padrões de crenças religiosas, mas estabelece um estado de religiosidade que o liga a Deus. Um espírito, no início de sua evolução, vê Deus nos elementos e fenômenos da natureza, enxerga seu próximo como alguém que o ameaça na mesma medida em que ele mesmo intimida o outro e percebe as coisas em torno de si somente como recursos que promovam sua subsistência. Sua religião é a do medo, e a característica de seu criador é conter uma força imponente e amedrontadora.

Vemos hoje características inadequadas de Deus nas variadas concepções humanas. Para algumas pessoas, Deus é um grande comerciante, que tem a obrigação de pagar, trocar e comercializar seus interesses. Para outros, é um Ser particularista, que ama apenas alguns seres e atende aos anseios desse grupo, em detrimento daqueles que não seguem os mesmos princípios e a qualquer momento podem destruí-los.

Mesmo nas religiões e filosofias espiritualistas mais desenvolvidas no planeta, como é o caso da Doutrina Espírita, do Budismo, do Hinduísmo, e em várias outras nessa mesma linha de entendimento, vamos encontrar concepções diferentes sobre Inteligência Suprema.

O próprio Espiritismo tem sua evolução, e não é a representação da última palavra em termos de espiritualidade, mas um convite para unificar a fé com a razão, valores que buscam necessidades mais abrangentes. Como nos disse Jesus, quem busca, acha, e quem pede, recebe.[2] O Pai dá ao filho os recursos de crescimento por meio do direito adquirido com base nos deveres bem cumpridos. A Verdade apresenta nuances cada vez mais claras para iluminar as trevas de nossa inconsciência.

Ao buscarmos, conscientemente, nossa realidade íntima, veremos Deus e comungaremos com Seu amor de maneira mais autêntica. Nossas concepções religiosas deixarão de ser exteriores para serem íntimas.

O planeta regenerado nos conduzirá a uma atitude plena de adoração, na qual nascerá as manifestações expressivas de nossa fé que, em forma de perfumes, inebriarão todos os ambientes onde estivermos, pois seremos o templo vivo de Deus na Terra.

---

2 Lucas, 11:9.

"A arte chegará em seu ápice e
representará a presença de Deus,
a harmonia do Universo, o amor
e a caridade."

Capítulo 24

A arte desperta e desenvolve os sentimentos divinos

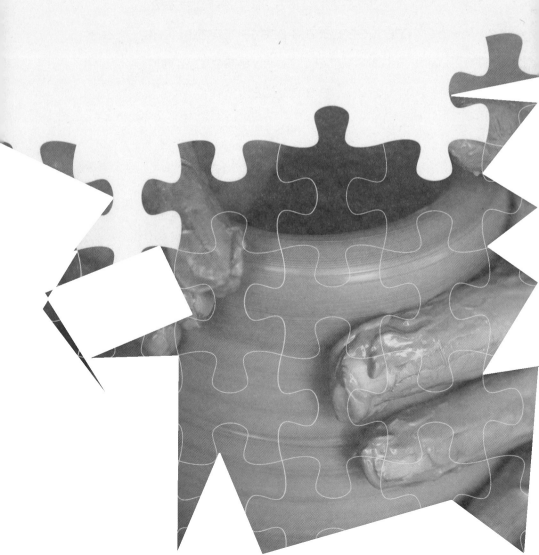

Numa bela tarde, fomos recebidos pela nossa abnegada Sheila, mentora de um centro espírita de grande cidade. Ela nos acolheu com muito carinho e pediu ao irmão Inácio, que a auxiliava na organização, para nos acompanhar e nos conduzir às tarefas que quiséssemos presenciar, com a finalidade de auxiliar e tirar lições interessantes para o nosso aprendizado e dos amigos da esfera física.

Inácio levou-nos até a sala de ensaios da equipe do coral e ficamos a sós para que aproveitássemos aqueles instantes e ficássemos livres em nossas ações.

Passamos a observar a movimentação dos dois planos, unidos pela combinação dos trabalhos a desenvolver. Os cantores dedicados deixavam seus sentimentos se manifestarem nas vozes com o propósito de alegrar, suavizar e proporcionar harmonia no ambiente físico e espiritual daquela instituição, que parecia ao mesmo tempo uma grande universidade do espírito conjugada a uma estrutura hospitalar. Eram oferecidos ali tratamentos diversos como passes, águas fluidificadas e assistências espirituais para encarnados e desencarnados.

A equipe ensaiava uma música atrás da outra e víamos o quanto o conjunto emitia luzes de tonalidades múltiplas conforme a vibração de cada integrante ao cantar e, sob a batuta da maestrina, produzia verdadeiro espetáculo de sublime luminosidade.

O equilíbrio do conjunto de vozes produzia energias de paz e cura, atuava sobre os dois planos da vida e beneficiava a retirada de energias para uso junto a enfermos e perturbados, amenizando seus sofrimentos.

Muitas das músicas homenageavam e lembravam os exemplos de Jesus, o valor da caridade e a presença de companheiros espirituais que passaram sobre o planeta, principalmente no Brasil, dando sua contribuição ao movimento e aos trabalhos espíritas.

Como era bom ver o esforço daquelas almas, verdadeiros pássaros divinos que, acompanhados por uma equipe especializada da espiritualidade, criavam, através da arte, oportunidades de serviço em favor da vida!

Clarêncio, vendo toda aquela movimentação, disse:

– André, o futuro abrirá suas portas para a expressão artística que desperta e desenvolve os sentimentos mais suaves da natureza divina das criaturas. Em toda parte, a arte é a manifestação divina que busca expressar-se no que mais se aproxima da sua natureza real.

As produções artísticas são puras expressões espirituais qualificadas pelo tipo e grau de evolução em que o artista se encontra. A arte terrena caminha para sua espiritualização, lembrando que, no passado, ela foi estruturada pelos exilados que, de tempos em tempos, mergulharam na realidade vibratória da matéria para mostrar algo de nobre aos homens, resgatando sua origem real – o mundo espiritual e sua condição de espírito eterno.

Da arte mais bruta, filha da expressão dos originados no planeta, vemos sua expansão e sutilização acompanhando o crescimento do próprio ser que se encontra hoje em plena transição, período em que muitos trabalhadores comprometidos com essa área renascem para fornecer novas diretrizes.

O mundo de regeneração é um planeta artístico. Por estarmos na fase do desenvolvimento pelas linhas do sentimento, esse centro de forças é como se fosse uma palheta, um instrumento de cordas ou de sopro, um pincel ou as mãos do artista que manipula o barro, dando-lhe formas divinas. A Terra será um lugar celeste, no qual todos os seus recantos expressarão a sensibilidade e o movimento em forma de sons, criando um ambiente sempre em festa, onde corações congregados na fraternidade se encontram para glorificar o Criador. Jovens com potenciais maravilhosos, nesse aspecto, abrirão ao mundo uma nova forma de qualificação das vibrações que envolverá as existências.

A arte chegará em seu ápice e representará a presença de Deus, a harmonia do Universo, o amor e a caridade. Estes serão os temas a inspirar suas expressões como uma fonte de vida, inebriando os corações de todos os seres.

Nas áreas da Ciência, na Política, em todas as profissões, no trânsito, na produção de alimentos, na cultura, na religião e em tantas outras, esse aspecto de manifestação estará estritamente interligado em seus movimentos. No passado, as expressões artísticas mostravam o nível dos exilados que aportaram nesse orbe trazendo suas sementes de valor inestimável. No amanhã, estas sementes sairão do interior de cada um, estabelecendo a era do espírito, e a arte será sua divina manifestação a criar louvores ao Senhor para que, quando irmãos de outras plagas aportarem em nossas cidades, percebam de longe que chegaram a um mundo elevado.

Capítulo 25

Reprogramando jornadas rumo à nova escola

Amparados pelas forças superiores que presidiam nossa tarefa de resgate, naquele dia, penetramos em verdadeira zona obscura das trevas, para presenciar uma sessão sinistra conduzida por um grupo de entidades vinculadas à grande facção criminosa no mundo material.

Espíritos extremamente perturbados amaldiçoavam a existência e os seguidores do Cordeiro, proferindo palavrões em vozes desconcertantes e agressivas, falando contra o avanço cada vez maior da limpeza astral que se fazia em seus campos de domínio.

Vestidos com túnicas negras, apresentavam fisionomias bizarras e animalizadas que deixariam qualquer filme de terror produzido pelos homens inferiorizado nas características aterrorizadoras com que se apresentavam. Num estado invisível a eles, mantínhamo-nos em oração o tempo todo, alimentando por aquelas almas nossos sentimentos de mais sincera compaixão.

Uma grande luz ia se formando aos poucos e, quando estava bem expressiva, surgiu dela um ser translúcido, portando túnica alvinitente e causando tanta surpresa que muitos correram espavoridos e amedrontados.

O líder, que se mantinha firme e disposto à luta na preservação de seu poder e domínio, gritou em voz rouca e forte como se fosse uma manifestação bestial:

– O que você está fazendo aqui, representante infame da luz? Por acaso não sabe que este lugar é de domínio dos dragões?

Com um olhar de profunda compaixão e amorosidade, e a voz de um anjo numa expressão celestial, o ser de luz pronunciou-se:

– Meu irmão, não vê que tudo o que existe e todos os recantos do Universo pertencem a nosso Pai, que nos ama a todos? Não percebe que mesmo nessas condições que transformaram essa paisagem em triste reflexo de suas mentes, paira a força sustentadora da vida? Nesta infeliz criação, vocês utilizam as mesmas energias de que os astros se servem para circular em seus centros de vitalidade, ou a que uma haste frágil e delicada emprega para sustentar uma flor.

– Cale-se, verme infame! Acaso não percebe que tenho poder suficiente para destruí-lo em meus domínios? O que você está fazendo aqui? Veio para tentar nos humilhar com suas claridades e mostrar nossas misérias e dores? Volte para o seu céu, pois não queremos saber dele, já que um dia nos foi negada a possibilidade de entrar lá quando então carregávamos as insígnias de sua religião e nada ganhamos com isso, senão maldição e sofrimento!

– Desvirtuamos os princípios elevados que norteavam a caminhada para a libertação real de nossa inferioridade e que tem nos aprisionado séculos afora? O mal é criação transitória de nosso ego distorcido pelo desejo de conquistar míseras posições e poderes frágeis sem fundamentos reais?

O amor de Deus esperará o tempo que for preciso para usarmos essas mesmas energias de forma adequada, consciente e com interesse real de renovação, hoje transmutadas por obscuras buscas. O dia de sua escolha definitiva chegou. Decida por seguir para a reeducação de sua alma em direção ao alto que nos ampara a todos ou mergulhar mais uma vez nas trevas da fuga consciencial, desprezando a Verdade que está gravada no livro sagrado de sua intimidade.

Aquelas palavras foram pronunciadas em tom tão amoroso que todos ficaram sensibilizados, desejando seguir o convite daquele ser angélico sem titubear. Porém, aquele coração endurecido parecia não escutar. Numa primeira impressão, nossos ouvidos deviam escutar numa frequência e os dele em outra, como se fossem dois canais diferentes, sendo que no dele, o ser se mantinha insensível pela rebeldia e ferocidade.

– Não me venha com propostas de crescimento e lutas para o meu futuro, que eu não suportaria abraçar e muito menos aceitar. Saia definitivamente deste lugar, você não é bem-vindo – disse, levantando os punhos com a intenção de atacar a qualquer momento.

Com o mesmo olhar e sorriso suave e belo, o amigo celestial encaminhou-se em sua direção e, posicionando-se próximo a ele, falou:

– Meu irmão, por acaso você se esqueceu de nossa mãe, que é uma das razões de nossa existência e felicidade pelos milênios em que vivemos felizes? Esqueceu a voz meiga e amorosa que, em muitas existências, nos acalentou os sonhos e também o carinho de seus abraços? E as suas orientações amorosas e constantes a nos sustentar em nossas caminhadas para encontrarmos o Cristo?

Sob o impacto de vibrações de profundo amor que recebia daquela entidade de luz, aquelas palavras e as lembranças evocadas repercutiram como um raio de misericórdia, rompendo a casca dura de suas expressões e tocaram-lhe a consciência, pois, no mesmo instante, ele caiu de joelhos e chorou agoniadamente, dizendo:

— Como pode fazer isso comigo? Como pode trazer em você a energia que sinto me envolver ao me lembrar daquele anjo que meu coração elegeu por séculos e que me sustentou a vida? Por que fazer isso comigo, já que uma alma perdida no inferno da maldade? Ignorei e consegui sufocar essas lembranças para poder alimentar meu ódio pela vida e pelo mundo. Para que fazer isso comigo?

— Não estou fazendo nada, a não ser atender a seu coração amoroso que me convidou apenas para intermediá-la, a fim de que pudesse estar com você.

Neste momento exato e extremamente emocionante, alva luz se fez no ambiente e dela surgiu uma mulher de delicada feição, como madona divina, que se dirigiu amorosamente ao infeliz filho:

— Vem, querido meu! Minha alma não se sente completamente feliz sem que meu coração esteja contigo também. Como posso almejar a felicidade se parte dela está contigo? Só poderá existir ventura completa se a sua parte se juntar a minha. Por acaso não compreende que não existe céu em nenhum lugar no Universo enquanto nosso amor não for integral com os sentimentos dos corações que amamos, além do tempo, dentro das experiências múltiplas?

Só com seu amor junto ao nosso poderemos sentir plenitude junto a Deus. Precisamos de você conosco para trilhar as sendas do infinito em direção ao Pai que sempre nos espera.

Aproximando-se dele e aconchegando-o nos próprios braços, acolheu-o com tanta meiguice que suas energias quebraram todas as estruturas perispirituais de sua vestimenta e forma, transformando-o naquele instante num homem frágil e doente, verdadeiro mendigo da alma.

Sem nenhum constrangimento, beijou-lhe amorosamente a face obscura e suja. Duas lágrimas da adorada mãe lhe caíram no rosto e seus olhos se cruzaram com os dela. Ele deu um sorriso tão natural que mais parecia o de uma criança que reencontrou um aconchego seguro e protetor, como se ali fosse o local no qual pudesse ser feliz.

Ainda o segurando firmemente em seus braços, ela falou novamente:

— Não importa quanto tempo nem quantas lutas enfrentaremos juntos, mas, de hoje em diante, onde quer que estejamos, tomaremos a direção do caminho reto no trabalho regenerador, no qual plantaremos nossa ventura eterna.

Após trazê-lo firmemente junto ao peito, começando a volitar, determinou ao chefe da equipe de resgate:

— Recolha quantos for possível para que iniciemos uma reprogramação desses companheiros perdidos, deslocando-os para outras plagas onde encontrem alento na conquista de suas redenções espirituais.

Neste momento, materializamo-nos e acolhemos com carinho muitos daqueles irmãos que teriam um novo planejamento de suas jornadas rumo ao orbe que lhes servirá de escola dali para a frente.

Capítulo 26

Reencarnação – o perispírito e os dons se ampliarão

Nas primeiras horas da madrugada, nossa equipe penetrou no quarto silencioso onde repousava aquele casal que receberia um novo ser como filho. Eles já se encontravam despertos em desdobramento natural, participando de tarefas orientadas por instrutores nobres e amigos do Plano Maior.

Estávamos ali para promover a reencarnação de um companheiro espiritual de nossa colônia que vinha em missão específica da mediunidade. Seus pais eram amigos de longas caminhadas e tinham se comprometido em amparar-lhe os projetos para os quais vinha sendo preparado, no cumprimento de seus deveres espirituais.

Nosso amigo Eusébio era um espírito de elevado valor e procedia de uma esfera mais elevada, mas não abandonou as atividades em Nosso Lar por ter sido a colônia que o acolheu e o preparou durante muitos anos no desenvolvimento de trabalhos específicos, favorecendo a conquista de grande parte de suas condições atuais de espiritualização. Ele queria, por pura gratidão e pelo muito que recebeu, prestar essa homenagem à colônia, fazendo desse momento algo especial para seu coração.

Os técnicos espirituais, responsáveis diretos por essa tarefa, prepararam o ambiente, eliminando todos os obstáculos que pudessem prejudicar o trabalho. Tudo foi minuciosamente estudado e projetado para que o reencarne caminhasse de forma positiva.

Devido às suas condições espirituais, ele mesmo iniciaria a introdução de suas energias e ligações fluídicas para a formação da célula-ovo no momento da fecundação, na junção dos potenciais daquelas trabalhadoras silenciosas que dariam o material genético para formar seu futuro corpo físico.

Ele poderia continuar no estado de semiconsciência pelo período de sua gestação, até que, em determinada etapa, o desenvolvimento fetal entraria em fases mais complexas de crescimento. A partir daí, o grau de inconsciência aumentaria aos poucos para efetuar ligações com os centros de forças mais complexos em formação, que necessitariam de sua influência mais efetiva junto aos elementos físicos.

Estávamos presenciando o método que se tornará mais comum nos processos reencarnatórios do futuro, no qual a ação do próprio reencarnante passará a ser mais expressiva, ultrapassando a influência absoluta da matéria na restrição do perispírito e no tamponamento da condição mental.

A maioria dos seres que estão reencarnando, até agora, precisava passar por verdadeiro constrangimento perispiritual, numa contração de suas estruturas sob a ação de forças eletromagnéticas de caráter físico para adaptar-se à estruturação de sua nova organização material.

Observando aquela ocorrência que ampliaria as características reencarnacionistas da Terra, Clarêncio esclareceu-nos:

— Como você pode ver, todos os detalhes que envolvem a luta humana estarão sofrendo alterações significativas na busca pelo crescimento, preparando seu aperfeiçoamento para tornar o orbe regenerado.

Se as condições do mundo de provas e expiações demoraram milênios para fixar cada recurso fisio-psico-espiritual do atual corpo físico, nessa etapa de transformações do veículo físico da regeneração terá duração muito menor, em se tratando de mudanças mais sutis como a perda de materialidade.

Se o esforço para materializarmos a realidade do corpo espiritual foi grande, a partir de agora nosso desafio será o da sua purificação e sutilização vinculada à sua entrada em sua natureza mais profunda. A partir daí o perispírito passará por constantes mutações até que se aproxime das condições do espírito em sua manifestação mais pura.

As leis que regem a matéria na sua formação genética, bem como as que determinam a formação de seus corpos espirituais, estarão em fase de constituição, abrindo caminhos para capacidades e desenvolvimento de potências ainda impossíveis ao homem atual.

Na Terra, Jesus deixou um modelo de corpo que mais se aproxima das condições futuras e que o homem terreno terá de desenvolver.

Quanto mais o homem se encontrar consigo mesmo, maiores serão suas capacidades e qualidades para usufruir estas conquistas que hoje o colocam numa condição de ser especial, mas que, para o padrão do amanhã, será algo comum.

O exemplo de reencarnação que acabamos de descrever é a demonstração do que ocorrerá daqui para a frente e que ainda se aproxima muito das condições de reencarnações comuns aos dias de hoje, mas já é um marco para o que vem depois.

Além de todo esse preparo, Eusébio é portador de faculdades extraordinárias que se expressarão por diferentes sensibilidades mediúnicas, abrindo as portas para seu potencial de trabalho, que não sofrerá o tamponamento dos recursos físicos que o envolvem. Muitos encarnados despertarão faculdades extrafísicas inimagináveis nas vastas instituições em que trabalharão no planeta, em relação às de hoje.

Quanto maior é o grau de evolução do ser e as responsabilidades assumidas, maior será sua efetiva possibilidade de operar em seus compromissos.

A reencarnação, o perispírito, os dons e as capacidades espirituais e mentais se desdobrarão para que o homem desperte para nuances da vida universal, diminuindo as distâncias tanto físicas quanto espirituais que o separam de seus irmãos maiores. Estes esperam tamanho progresso para trazer recursos que o integrem na Comunidade Universal da Espiritualidade.

Deixamos um beijo de amor ao companheiro de jornada e, saindo dali, pudemos prever as mudanças pelas quais o planeta passará e os benefícios do crescimento, que proporcionarão ao seu futuro condições mais felizes.

"É para o autoconhecimento que devem convergir todas as iniciativas educacionais na busca de aprimoramento, tanto para o ensino de caráter investigativo, quanto para a sua aplicação."

Capítulo 27

A reforma íntima orientada pela educação escolar

Naquela instituição de aprendizado do nosso plano, seria ouvida a palavra do extraordinário companheiro que viveu na antiga Grécia com o nome de Sócrates.

Milhares de espíritos estavam reunidos para discutir as metodologias e desenvolver recursos que muitos deles aplicariam em seus trabalhos ligados à educação quando reencarnassem. Com essa atuação diferenciada, os futuros educadores criariam novas condições de aprendizado nas escolas do futuro.

Profundamente centrados, e com um misto de respeito e admiração profunda, aguardávamos as palavras do nobre visitante sobre a renovação da instrução para o futuro da Terra. A visita dele ocorria com frequência, mas, desta vez, tinha o intuito de ampliar a visão nos campos da didática, levada muito a sério pela espiritualidade superior.

Estávamos em estado íntimo de prece e não sabíamos como se daria a comunicação. Em imagem transmitida à nossa mente percebíamos seu perispírito como se fosse uma estrela luminosa em forma humana, com traços de uma natureza madura e ao mesmo tempo jovial, difíceis de descrever aos homens da Terra. Passados alguns minutos, ouvimos na acústica de nossos espíritos as suas palavras de maneira límpida e natural, fazendo-nos entrever como seriam os meios de comunicação do amanhã, tanto para nós quanto para os encarnados.

– Meus irmãos na eternidade, é com ampla alegria a envolver meu coração que, atendendo às determinações de nosso Pai e o pedido amoroso do nosso Mestre maior, venho trazer alguns apontamentos sobre a necessidade de mudanças para atender às mentes que aportam no planeta, sanar as atuais dificuldades dos métodos atuais e atender às determinações estabelecidas pelos agentes siderais, desenvolvendo um aprendizado que desperte aptidões e possibilidades de trabalho com a ampliação de comportamentos criativos e inovadores. Esse modo de educar trará para as escolas a missão de orientar a reforma íntima.

O autoconhecimento é o princípio fundamental para esse processo que partilhei com os homens de minha época. Esse recurso de desenvolvimento acompanhou os exilados recebidos no sistema solar de Capela que trouxeram, por sua vez, esses conteúdos orientadores para a Terra, beneficiando as mentes infantis que iniciavam aqui sua caminhada.

É para o autoconhecimento que devem convergir todas as iniciativas educacionais na busca de aprimoramento, tanto para o ensino de caráter investigativo, quanto para a sua aplicação.

O homem perceberá o quanto traz de recursos natos que até hoje ele ainda não acionou em toda sua capacidade, apesar dos múltiplos aprendizados já adquiridos. Esses conteúdos são sementes de divindade, que serão acessadas pela perda de sua materialidade e pela força de sua sublimação, utilizadas em benefício de todos, manifestando a lei de fraternidade universal que a tudo sustenta. O conhecimento de si mesmo desenvolverá as belezas que o ser possui e que só os livros não ensinarão a alcançar.

Para ser um educador do futuro, o mestre já deverá ter percorrido o caminho do autodescobrimento, podendo assim ajudar o aluno a buscar em sua alma a matéria viva que ele quer abordar e está dentro de cada um, diminuindo as distâncias existentes entre professor e aluno. Com esta habilidade, qualquer tema, para ser vivido e compreendido, deixará de ser descrito apenas por palavras. Assim, quando estiverem estudando o tema alegria, por exemplo, será necessário que ambos a estejam sentindo naquele momento para que possam explorá-la juntos, adquirindo sua compreensão maior. Esse contato direto com o material de estudo será aplicado a todas as ciências humanas.

A educação será um movimento contínuo, independente da hora ou do lugar. Se o ser aprende a partir de si mesmo, passa a se encontrar com a sabedoria, agindo em sintonia com o Criador. Pais, amigos e todas as pessoas que o cercam assumem a função de educadores. Baseada numa satisfação profunda de estar sempre ensinando e aprendendo, essa didática não pede sacrifício algum para quem realizá-la.

A intenção de ganho por esta atividade profissional não será o foco principal e sim o de realizar a atividade profissional com muita dedicação, onde o ganho é uma consequência natural. Por sentirem a presença de Deus nessa ação, o próprio ato de educar será a principal forma de compensação e será por Ele que todos ansiarão agir, não importando os desafios a enfrentar.

As palavras do nobre instrutor continuaram por mais tempo, mas deixo aqui apenas algumas modestas anotações que acredito serem importantes aos instrutores do futuro, a fim de se inspirarem na construção de suas responsabilidades, para que o filho do homem[1], que é o homem regenerado, se desenvolva de forma natural e efetiva.

Aquela palestra estaria eternamente fixada em minha alma pela beleza e doçura com que os projetos me tocavam e pela oportunidade de poder compartilhar com nossos irmãos encarnados essa felicidade que Deus me oferecia como um presente especial.

---

1 Mateus, 16:27: "Porque o Filho do homem virá na glória de seu Pai, com os seus anjos; e então dará a cada um segundo as suas obras."

"O homem focou no desenvolvimento da tecnologia e das facilidades no campo prático da existência, mas não se preparou devidamente para poder usá-los também em benefício de seu crescimento no bem.

Capítulo 28

Fatores determinantes no uso dos recursos e bens no futuro

Acompanhávamos a movimentação dos veículos que transitavam de um lado para o outro em plena avenida de uma grande cidade. O trânsito não fluía bem, havia engarrafamentos, discussões e brigas de condutores que mostravam a falta de paciência de uns, mas também a falta de capacidade em manter a ordem de outros.

Analisando o movimento dos veículos, podíamos fazer uma vinculação com os estados emocionais dos que se envolvem diariamente com essa necessidade, determinando o dinamismo de um sistema de circulação que parecia adoecido e estagnado ou extremamente agitado e sobrecarregado, que na pressa parecia não levar a lugar nenhum, fazendo com que corressem desordenadamente, podendo simbolizar a fuga da própria existência. Nesse atropelo, muitos não enxergam os detalhes nobres da vida que os cercam, como se preenchessem com essa ansiedade o vazio do seu coração.

Na observação daquelas cenas características do mundo atual, Clarêncio, como sempre, veio ao encontro de minhas reflexões, falando calmamente:

– André, o mundo é um grande organismo social e, como você mesmo percebeu, encontramos no trânsito uma semelhança do que acontece no sistema circulatório do corpo, que apresenta as mesmas nuances por receberem o impacto da forma como a humanidade conduz seus interesses e objetivos, sejam eles profissionais, familiares ou de lazer.

Pela perturbação da circulação das forças e da vitalidade do aparelho físico, podemos perceber o quanto o mundo está doente neste aspecto.

É claro que iremos encontrar exemplos de educação no trânsito funcionando em algumas cidades espalhadas pelo planeta. O desenvolvimento técnico atinge, no atual momento, pontos inimagináveis para o usufruto do bem-estar na existência humana, mas as características íntimas ligadas aos aspectos emocionais não se desenvolveram no mesmo ritmo para utilizarem desses bens e recursos de forma correta. Neste aspecto, para que a harmonia e a saúde planetária venham a acontecer, falta-lhes a maturidade.

O homem focou no desenvolvimento da tecnologia e das facilidades no campo prático da existência, mas não se preparou devidamente para poder usá-los também em benefício de seu crescimento no bem. É necessário o aprimoramento de seus valores reais para que esse ajustamento venha a ocorrer satisfatoriamente.

Quando tomamos como exemplo a funcionalidade de nossas cidades espirituais, vemos o quanto a realidade material terá de mudar, mas sem deixar de ter a certeza de que as coisas se adequarão naturalmente para refletir-lhes o funcionamento saudável.

Ainda existe uma grande leva de espíritos impedindo que mudanças mais salutares ocorram na organização social. Em alguns anos, estes aprenderão o correto uso dos recursos em outros mundos educadores, para que um dia possam voltar à Terra e ter o direito de utilizar as possibilidades desenvolvidas de maneira correta, de acordo com os padrões da regeneração.

Os desafios e limites que se apresentam agora como, por exemplo, os bens de consumo, as fontes de energia, os processos de deslocamento e as leis que comandam a funcionalidade da matéria subordinando peso e massa, velocidade e ação estão com os dias contados e sofrerão modificações acentuadas com o objetivo de se renovar.

Chegará o dia em que a circulação desses recursos e bens estará tão equilibrada que proporcionará a diminuição das dificuldades globais, por meio da ligação entre seus povos, com base no apoio mútuo e no amor universal.

Por atingir o equilíbrio, o próprio homem poderá utilizar novas possibilidades corporais para se deslocar, apresentando menor dependência de veículos para sua movimentação, e sua independência surgirá de seus próprios poderes pessoais.

Nossos irmãos contribuirão com a sua parcela para a concretização dos objetivos superiores que atendem às características das futuras cidades em renovação.

Partimos em busca de tarefas desafiadoras e nobres, com a vontade de ver essas previsões acontecerem. Mudanças já vêm ocorrendo, funcionando a todo vapor para, com alegria, vivermos num mundo melhor.

FUTURO ESPIRITUAL DA TERRA

Capítulo 29

Acidentes por imprudência já representam a limpeza do orbe

O que podemos notar na correria das estradas é a ansiedade de se chegar logo ao destino para usufruir dos objetivos prazerosos da viagem. Abusar da velocidade e transitar sob o efeito do álcool ou outras drogas também coloca em risco a vida do motorista e a dos outros.

Estávamos acompanhando um grupo socorrista de nosso plano que auxiliava num acidente entre veículos com a morte de praticamente uma família inteira. O único sobrevivente foi um garoto que, após aquele drama, ficaria aos cuidados de outros familiares, que se responsabilizariam pela sua educação e orientação.

O resgate espiritual foi realizado pela equipe responsável por aquele trecho da estrada em que o acidente aconteceu, prestando a assistência, dentro do possível, de acordo com o merecimento dos envolvidos e de acordo com a responsabilidade direta e indireta de cada um.

A maioria desses acidentes é fruto de irresponsabilidade, principalmente quando envolve o uso de drogas em geral, que tiram as possibilidades da condução segura dos veículos, ou o excesso de velocidade, que acaba em erros e descontroles. O resultado não seria outro senão essas fatalidades.

O estado dos desencarnados era muito desfavorável ao auxílio espiritual, possibilitando a intervenção por parte de entidades inferiores que emergiam dos planos obscuros.

Esses seres aproveitavam ocorrências assim para conduzirem os recém-desencarnados menos preparados, que estão em sintonia com obsessores, atraindo-os com a maneira com que viviam.

As leis espirituais respeitam o livre-arbítrio, mas a vida pede para repensarmos nossas atitudes e escolhas para alcançarmos nossa felicidade.

O quadro era triste, principalmente com relação aos adultos que não davam condições de serem amparados pelas nossas equipes de trabalho em decorrência do triste estado perispiritual. Somente a mãe e as crianças apresentavam melhores condições íntimas e foram resgatados pelos auxiliares do nosso plano. Porém, não foi possível fazer quase nada para auxiliar o pai e os outros dois adultos envolvidos no acidente, deixando-os entregues aos resultados de suas próprias opções.

Fazendo breve pausa no final dos atendimentos, Clarêncio, para ampliar meu entendimento, explicou:

– Os acidentes causados pela imprudência ocorrem muito frequentemente, em todos os lugares, e já representam, em grande parte, a limpeza de muitos espíritos que abusam de suas possibilidades

As lutas, as agressões por grupos extremistas, os acidentes coletivos e muitas outras ocorrências dessa natureza são indícios da higienização planetária, presentes nas experiências de pessoas invigilantes e precipitadas, que acabam por se candidatar às últimas oportunidades nesse orbe.

As portas da Terra estão fechadas tanto para seres imaturos e inexperientes, como também para os que se apresentam com imperfeições mais acentuadas. A credencial de permanência exige qualificação relacionada ao teor de virtudes e predisposições para mudanças.

Não podemos precisar a quantidade dos envolvidos nesses acontecimentos precipitados. Para termos uma ideia mais exata dessas tristes ocorrências, precisaríamos fazer um levantamento desses dados com os órgãos competentes de nossos planos. Se levarmos em consideração as mortes por doenças, violências e acidentes de trânsito, veremos que o desencarne coletivo tem aumentado em todas as partes, criando um índice alto de deportação.

Destacamos também, como uma importante característica desses tempos, a elevada quantidade de encarnados com idade física acentuada, dando indícios de que a mudança de gerações não tarda a se efetivar, criando uma alteração na qualidade espiritual em relação aos que ainda se encontram na Terra.

Os espíritos que não são maus o suficiente para serem degredados nem tão firmes nos propósitos de mudança, mas se encontram em condições de permanecer no orbe, serão estimulados, por estudos e trabalhos efetivos elaborados em nossos planos, a realizar uma renovação mais eficaz, ficando internados ali até que estejam aprimorados o suficiente para retornar ao plano físico e continuar a jornada de crescimento que lhes cabe.

Muitos aguardam que acontecimentos drásticos e acidentes de grande porte aconteçam para determinar de forma violenta essas transformações, mas, ao contrário do que pensam, apesar de esses movimentos de ordem geológica serem muito naturais, as transformações não ocorrerão dessa forma.

Essas mudanças fundamentais serão feitas depois que os homens se ajustarem à condição regeneradora, com a ajuda de todos nós e também de nossos irmãos de outras casas planetárias, de forma equilibrada e sem muitos danos aos seres que aqui viverem.

Catástrofes naturais acontecerão apenas se os homens se precipitarem em uma Terceira Grande Guerra, diante da qual a própria natureza reagiria com cataclismos e destruições causados pelos movimentos de suas placas tectônicas em decorrência da agressão por armas atômicas ou de efeitos semelhantes.

Esse fato tem ficado ainda mais improvável por causa da ação direta de nosso plano que trabalha para aproximar o homem das determinações do Cristo, para que a Terra venha a promover sua transformação pelo trabalho e pela dedicação ao esforço educador de aprimoramento.

A dor é mola propulsora para o despertar dos que estão indecisos para esta transição, mas os casos de extremo sofrimento atingem apenas aqueles que precisam passar por isso para se libertarem definitivamente dos compromissos do passado.

Muitos que hoje parecem ser vítimas e inocentes, independentemente da idade com que passam por essas experiências dolorosas, são os mesmos agressores de ontem que não apresentaram mudança real no que diz respeito ao despertar dos valores essenciais.

Não existe ocorrência injusta por parte da organização sideral que orienta as transformações desses dias, e sim o esgotamento máximo do que se poderia oferecer como oportunidade de aprimoramento. Com seu comportamento, optam pelo lugar e destino que lhes cabe em conformidade com o tamanho moral de seus seres.

O que podemos frisar é que a bondade e o amor de Jesus pela ação de seus colaboradores fizeram tudo o que poderiam ter feito a todos os espíritos que passaram por essas plagas. Os que se vão estarão subordinados a outros mestres, que os auxiliarão, em seus soerguimentos espirituais, a exprimir a Misericórdia Divina.

Acompanhamos em silêncio a equipe que conduzia aqueles que se achavam mais preparados e despertos para receber nosso auxílio mais direto, mantendo-nos em estado de oração em favor daqueles outros que se encontravam, por vontade própria, nas ilusões de suas buscas fantasiosas. Quem sabe encontrem na desilusão as portas de retorno ao caminho reto da evolução, como acontece a todos nós!

Capítulo 30

Mudança nos planos espirituais do planeta

Seguíamos as orientações passadas pelo coordenador da equipe socorrista para que, numa só corrente de forças, penetrássemos naquela construção semidestruída. Seria necessário criarmos um padrão elevado junto aos companheiros que ali se encontravam e, com mais facilidade, resgatá-los das condições precárias que a prisão naquela masmorra infecta e repugnante os colocava.

Eram doentes de todos os matizes, e o lugar lembrava os antigos vales dos leprosos da época cristã, em que estes viviam separados da convivência social.

Tratados como animais, a maioria deles era composta por antigos tiranos do passado que sofriam severa vingança nas mãos de suas vítimas. Além disso, encontravam-se escravizados pelo peso da culpa por suas ações inconsequentes.

Os doentes receberiam tratamento para melhorar seus padrões mentais e seriam levados para locais de recuperação. De lá, seriam encaminhados para a sua nova moradia planetária. Mergulhariam num estado de sono e só acordariam em processo de reencarnação, necessitando deste longo estado de hibernação para não sentirem tanto o peso da mudança de mundo, o que os tornaria mais predispostos ao aprendizado.

Muitos deles gemiam e falavam palavras desconexas, já que não tinham forças para quase nada. Alguns estavam mutilados, outros feridos e deviam ter sofrido as mesmas agressões e maus-tratos que impuseram a outras pessoas um dia.

Mais uma vez, vamos encontrar a misericórdia divina operando junto aos caídos, dando-lhes a oportunidade de resgate para direcioná-los às sendas do bem e do trabalho. No futuro, estariam todos juntos em reencarnações libertadoras, pois as vítimas e os verdugos eram o mesmo grupo em momentos alternados, sendo convocados ao perdão.

Clarêncio, que auxiliava o trabalho de forma orientadora e prática, falou, sensibilizado:

— Os planos espirituais estão sendo limpos para diminuir as emanações mentais inferiores desses companheiros desequilibrados que criam, com seus pensamentos e emoções, espaços como estes, mantendo focos de infecção ou núcleos nocivos de viroses e germes, sustentando um centro de problemas para a realidade material humana.

Esses irmãos semi-inconscientes são verdadeiros zumbis, e não por acaso são retratados assim nas ficções cinematográficas da atualidade. Isso acontece pelo interesse em filmes criados e assistidos pelos que sintonizam com o tema, que na realidade são a descrição do que acontece em muitos planos inferiores. Não será de se estranhar, quando aqui aportarem pelo desdobramento durante o sono, que encontrem as circunstâncias idênticas às que viam em seus filmes.

Este panorama deverá sofrer modificações e passará a ser educandário para os que desencarnarem em condição de erros e deslizes, no propósito mais direto de novamente edificá-los no bem.

A primeira esfera de espiritualidade superior que envolve a Terra, onde Nosso Lar e outras colônias estão localizadas, se fixará no umbral e na crosta do mundo material. Ela retratará as condições de nossa colônia, favorecendo com isso a retificação dos que ainda necessitam de reeducação, criando uma disposição melhor para trabalhar e mudar as suas ações, sem se prenderem aos seus efeitos negativos.

Em consequência a essas mudanças, as faixas vibratórias dos planos mais elevados se aproximarão mais do orbe, ficando em sintonia com esferas mais superiores, ampliando-se para o melhoramento geral de tudo que diz respeito a Terra. Dessa forma, até mesmo os planos inferiores terão um padrão de elevação com as características próximas das que encontramos em nossa colônia e similares, e nosso planeta ficará num patamar mais nobre.

Não existirão mais trevas no fundo da Terra e sem o peso e a desqualificação de vibrações inferiorizadas o planeta intensificará as mudanças na realidade material, fazendo com que ocorra mais facilmente a aplicação de outros recursos e capacidades em todos os setores da realidade física de nosso ser – o filho do homem.

Depois dessas reflexões, integramo-nos ao auxílio daqueles irmãos para que pudessem ser acolhidos e direcionados ao destino que os aguardava.

Capítulo 31

A visita de um amado companheiro

A vida convida-nos a adotar um padrão de comportamentos baseado no compromisso com o bem e com a melhoria, ampliando nossas ações no benefício coletivo e não mais em favor da satisfação pessoal ou unicamente direcionada para as nossas famílias.

Essa foi uma das maiores lições que pude tirar da minha última existência na Terra, onde sempre me preocupava mais comigo mesmo e com os meus. Quantas vezes eu ficava surdo aos apelos do sofrimento alheio, mesmo na posição de médico, e criava uma carapaça de indiferença e egoísmo com a minha forma de viver!

Lembro-me claramente de que, quando cheguei à colônia que me acolheu[1], uma das primeiras lições que pude aprender com quem esteve ao meu lado foi a capacidade de sair de si para o encontro com o próximo.

Tive muitos exemplos, desde o momento em que fui recolhido carinhosamente pelos benfeitores que me resgataram das regiões inferiores – a assistência amorosa de Lísias, meu atendente imediato, os cuidados dos médicos, a recepção amorosa da senhora Laura e de seus familiares e até as lições de amparo e paciência de Narcisa para que eu dilatasse a predisposição de servir.

Quando observo as tendências das criaturas, percebo os que estão

---

1 *Nosso lar*, autoria espiritual de André Luiz, psicografado por Chico Xavier - Editora FEB.

dispostos a compartilhar e os que querem apenas receber. Esses dois comportamentos criam uma linha energética divisória entre si, refletindo uma divisão natural entre os que vivem o estado de caridade e os que só querem sustentar seu egoísmo. É o símbolo da separação entre o joio e o trigo[2], em que nosso psiquismo se estabelece na bondade ou se fortalece no individualismo.

Ao observar o planeta com tantos desafios, descobrimos que o amor tem ganhado espaço nas ações silenciosas de muitos em querer ajudar e amparar, embora as mídias não as divulguem tanto quanto seria necessário.

Há os que afirmem perceber o contrário – enxergam egoísmo, interesse pessoal e desequilíbrios para todos os lados, mas estão enganados. Essa visão distorcida ocorre porque o bem não faz alarde e "vende menos" do que o mal, que usa de uma bombástica expressão para se manifestar, em conformidade com a inferioridade ainda presente na Terra.

O exemplo mais claro dessa afirmativa está em Jesus diante dos poderes de Pilatos e da força dos líderes religiosos de sua época, que pareciam ser mais evidentes que aquele simples Galileu. Vemos hoje que a presença de Jesus é a que permanece na vida das pessoas, mostrando-nos o quanto era frágil a mensagem daqueles grupos em contraposição aos exemplos do Mestre, ao sacrifício dos cristãos de todos os tempos e ao movimento das pessoas tidas como simples e ignorantes.

Aqueles "homens fortes" passaram como folhas secas levadas pelos ventos impetuosos da verdade, e as impressões de perturbação que hoje parecem prevalecer não terão poder algum

---

2   Mateus, 13:30: "Deixai crescer ambos juntos até à ceifa; e, por ocasião da ceifa, direi aos ceifeiros: Colhei primeiro o joio, e atai-o em molhos para o queimar; mas, o trigo, ajuntai-o no meu celeiro."

ante a bondade e a ordem que nascem de Deus em direção aos corações humanos.

Foi com essas reflexões que me encontrei com Clarêncio para realizarmos uma visita à crosta, em companhia de um querido amigo. Dirigimo-nos a determinado setor da colônia onde nos encontramos com uma das personalidades mais conhecidas do movimento espírita atual, com a qual tivemos a oportunidade de trabalhar quando ele ainda estava encarnado.

Abraçamos e beijamos nosso estimado e querido Chico Xavier, e nos prontificamos a acompanhá-lo a fim de traduzir algumas experiências aos irmãos internados no plano físico.

Estávamos em sua companhia para cumprir alguns compromissos de trabalho que o médium amigo, exemplo de cristão para todos, exercia periodicamente como tarefa de amparo junto a alguns companheiros do movimento espírita brasileiro.

Alegrando-nos com sua palavra amorosa e calma, esclareceu:

– Meus queridos irmãos e benfeitores, quero agradecer a bondade de nosso Jesus Cristo em nos conceder a oportunidade dessa convivência enriquecedora e pedir a Deus que os abençoe sempre.

Não sou merecedor dessas bênçãos, pois me sinto na necessidade de receber o amparo de suas energias e orientações que me fazem sentir muito feliz.

Quem sou eu para servir de exemplo para alguém, já que temos em nosso Mestre a maior expressão de amor e abnegação em favor de todos!

Dirigimo-nos em primeiro lugar para Uberaba, região em que

o médium viveu em Minas Gerais, lugar em que o amigo dos sofredores pôde rever companheiros dedicados cooperando na edificação das verdades espíritas, cada qual no seu compromisso específico.

Pudemos acompanhar as atividades de um médium que tem sido muito questionado atualmente por seus companheiros espíritas pelas mensagens divulgadas. Ele recebeu um abraço e um beijo do nosso carinhoso Chico, de forma a desejar-lhe coragem e reserva ante as lutas do mundo. Aproveitando a oportunidade da visita, ele deixou uma mensagem mediúnica que mais tarde seria divulgada em um livro.

Diante dos questionamentos em torno do médium encarnado, Chico esclareceu:

— Quantas lutas esse abnegado companheiro da causa espírita vem superando! Assim como muitos, ele tem sofrido a incompreensão natural que nasce da ignorância e da falta de entendimento. A mensagem de Jesus é ainda uma necessidade urgente para nossos corações, carentes de uma proposta elevada de amor e compaixão para com as pessoas com quem convivemos.

Essa postura fraterna deveria ser mais expressiva quando se trata de companheiros da seara espírita. Os sentimentos nobres representam o olhar que precisamos ter para com eles e a mesma ótica para com a nossa própria necessidade de melhoria. Fazer aos outros o que gostaríamos que nos fizessem é a lei natural que sustenta a vida no universo e precisamos adotá-la como norma essencial.

Chegará o dia em que veremos o sentimento fraterno

reger todos os trabalhos e setores do orbe e não será diferente no movimento da Doutrina Espírita, pois é nele que devemos materializar, em primeiro lugar, o mesmo que esperamos encontrar nos outros setores da sociedade em que estamos inseridos.

A bondade de nosso Pai é tão grande que Ele nos ofereceu os recursos dessa doutrina para que pudéssemos vivenciar a mensagem de nosso Senhor Jesus Cristo de maneira mais fácil.

Saindo dali, foi com muita alegria que abraçamos outros companheiros que também labutaram naquela região e defenderam essa bandeira de trabalhos e exemplificação. Encontramos, entre outros, Odilon Fernandes, Dr. Inácio Ferreira, Maria Modesto Cravo e toda uma equipe de espíritos que acompanhavam mais diretamente aquele operário do bem que, mesmo possuindo suas imperfeições como qualquer um de nós, emprega seu tempo para divulgar e desenvolver os princípios desta doutrina de luz.

Ainda a caminho de outra visitação e no desejo de trazer mais esclarecimentos, o querido médium falou:

— Quando nossos irmãos deixarem de focar as dificuldades ou imperfeições do outro e começarem a valorizar a entrega e a dedicação de cada um para o benefício de outras pessoas e para o crescimento do Espiritismo, veremos a harmonia e o respeito surgirem como maior recompensa deles mesmos. A Doutrina dos Espíritos deve predominar sobre todos os que a abraçam como diretriz, uma vez que esta obra gigantesca não pertence a homem nenhum, e sim aos espíritos do Senhor, seguindo o exemplo do destacado esforço de Allan Kardec, que colocou sua missão acima de todos os seus interesses.

Por isso mesmo, lembramo-nos da orientação contida no Evangelho, que nos convida a melhorar nossa visão das coisas e, principalmente, do comportamento dos outros: "Bem-aventurados os limpos de coração, porque eles verão a Deus."[3]. Para ajudar a resolver os problemas alheios sob a ótica do nosso olhar, a bondade tem que permear nossas intenções.

Após ouvirmos, sensibilizados, orientações tão simples e profundas, saímos dali em companhia do Chico e fomos para uma região próxima de Belo Horizonte, onde o amoroso amigo também mantinha vínculos de trabalho com outro médium, mandando mensagens, inspirando ideias, renovando energias e continuando a amparar muitos seres, como fazia quando encarnado.

Observando o trabalho de perfeita integração entre os dois planos, Chico voltou a falar:

– Quanta bondade encontramos nos lugares onde a Espiritualidade Maior nos permite dar continuidade aos trabalhos, proporcionando ao nosso ser um estado quase permanente de felicidade! Não há no mundo um padrão maior de felicidade que a possibilidade de servir e viver à maneira de nosso Mestre divino. Só no amor encontraremos a maior razão para existir. Dentro dessa dinâmica, conseguimos aproximar a presença de Nosso Senhor dos corações sofridos e principalmente mostrar a possibilidade de a humanidade confiar em Deus, despertando-lhes a fé

---

3 Mateus, 5:8.

na Providência Divina.

Cada irmão com que trabalhamos é um canal para que Deus se faça presente. A maior mediunidade será daquele servidor que aprender a se anular para que Jesus Cristo apareça em seu lugar.[4] Assim descobriremos que no fundo não é Ele, o Senhor de nossas vidas, que se faz presente, e sim o perfume inebriante e belo de nosso Pai, a única realidade fundamental possível.

Silenciou-se aquele amigo de nossos corações que amávamos como verdadeiro irmão, deixando sua marca amiga para coroar as páginas destes nossos registros com sua luz, transformando-as numa mensagem de paz e alegria.

---

4 João, 3:30: "É necessário que ele cresça e que eu diminua."

Capítulo 32

Os dramas humanos já são apocalípticos

Meditava sobre os vastos temas dos trabalhos e lições que recebemos para compreender melhor os processos atuais de mudanças e o efeito delas para o nosso próprio ser e para o planeta.

Numa primeira percepção, as ocorrências parecem não representar uma mudança efetiva, tudo se mantêm com as mesmas características e a maioria dos homens continua se comportando da mesma maneira, sem ligarem para a responsabilidade que lhes cabe nesse processo reformador.

Previsões com datas específicas foram enunciadas, criando expectativas e anseios, medos e perturbações perante o que vai ou não acontecer. Com o intuito de contornar essas expectativas infelizes, trazemos recursos para abrir raciocínios e disposições a fim de abraçarmos os deveres numa atitude séria e objetiva nas obras e tarefas sob nossa responsabilidade, transmitindo aos companheiros de jornada uma mensagem de confiança e esperança em ver um mundo melhor e mais ajustado no bem.

Ao apresentar minhas ponderações a Clarêncio, ele veio em meu socorro para elucidar os fatores ligados ao psiquismo da maioria dos encarnados que se movimentam nos trabalhos espirituais.

— André, muitos de nós aguardamos que os acontecimentos dessa fase de mudanças apresentem características impressionantes e drásticas a ferir suas sensibilidades, criando uma sensação de medo e desespero na maioria dos homens.

Muitos se perguntarão se não é mais uma informação especulativa sobre o fim dos tempos anunciados no Evangelho[1] e no Apocalipse de João, numa expectativa ansiosa de mudar a vida para melhor, transferindo, dessa forma, nossos compromissos de renovação diante das circunstâncias e acontecimentos que nos cercam.

Os dramas e dores humanas já apresentam características apocalípticas suficientemente fortes para precisarmos de fatos superiores a eles, esperando por algo maior na demonstração de violência e desequilíbrios.

As ocorrências geológicas fazem parte da realidade de todos os orbes do Universo, assim como datas e expectativas coletivas representam um anseio de que as coisas precisam mudar. Elas apenas são transferidas para o lado mais fácil, o externo, e nos esquecemos de que a finalidade maior da existência é a transformação do ser e não dos objetos e coisas que o cercam.

Em Jesus estão todas as esperanças humanas, mas Ele espera o nosso comprometimento para realizarmos a reforma que realmente deve acontecer no encontro com Deus através de nossa realidade essencial.

As mudanças serão percebidas quando melhores condições de vida estiverem ocorrendo de forma natural e espontânea, e, dentro dessa perspectiva, podemos dizer que muitas melhorias atuais demonstram que a regeneração já é uma realidade, não precisamos de fatos extraordinários e chamativos para isso.

O apocalipse ocorre, primeiramente, em âmbito individual,

---

1 Mateus, 24:1-51.

na órbita pessoal de cada um.

O segundo centenário deste milênio terá outras características de funcionalidade para o planeta, e os que não estiverem prontos e abertos para vivenciá-lo serão convidados, cada um a seu tempo, a definir onde irão viver, com base em suas disposições interiores.

Estejamos firmes no trabalho reconhecendo que, acima de tudo, é a vontade de nosso Pai que irá determinar o que é melhor para todos nós, sob a orientação e aplicação da Sua vontade pelas mãos d'Aquele que desenvolveu os valores que a Terra conquistará no movimento infinito da Vida.

Dizendo isso, partimos para outras empreitadas buscando concluir nossas atividades junto aos objetivos traçados pelos organizadores de nossas tarefas, em favor da humanidade terrena.

Capítulo 33

Mudanças fundamentais na desencarnação

Transcorridas as etapas de nossa tarefa para a elaboração desta obra, Clarêncio encaminhou-nos à conclusão do tema, discorrendo sobre o processo da desencarnação e suas características diante das transformações.

Estávamos acompanhando a desencarnação de um companheiro de ideal espírita que teve seus compromissos mais diretos com a doutrina, dedicando-se depois a outras áreas no campo quase infinito de manifestações e fenômenos. Ele passou a se interessar pela ampliação da consciência e pelo desdobramento desta, de forma consciente, fora do corpo. Buscou aprimorar suas pesquisas na área científica, criando metodologias para fundamentar esse aspecto do desenvolvimento dos poderes e potenciais do espírito. Chegou o tempo, porém, em que nosso irmão foi convidado a retornar às nossas esferas.

Para acolhê-lo, um grande grupo de companheiros do plano extrafísico fazia-se presente e, entre eles, encontramos novamente a figura singela de nosso querido Chico Xavier que, pela amizade e carinho estabelecidos no passado, veio interceder em seu favor.

O processo de desencarnação foi muito tranquilo em se tratando dos aspectos técnicos, já que ele trabalhou neste sentido, e seu desdobramento para realizar o corte dos cordões que o prendiam ao corpo foi demasiadamente simples de se fazer. No plano físico, amigos, discípulos e seguidores emitiam forças e pensamentos diversificados, criando uma psicosfera de variadas vibrações – muitas delas eram positivas e outras, caracterizadas pelo medo e insegurança em relação às perspectivas futuras sobre os trabalhos deixados por ele na Terra.

O estado íntimo de nosso irmão agravou-se um pouco pelas emoções que manifestava, destacando as energias do medo, da culpa, e da insegurança. Ao mesmo tempo, ele combatia esse estado com as certezas desenvolvidas com suas práticas de projeção da consciência e com seus conhecimentos, gerando um campo de lutas interno entre pensamentos e emoções.

O carinho com que foi acolhido ao receber o abraço afetuoso do médium de Uberaba lhe fez um bem enorme e, com essa providência, foi encaminhado para o estágio de recuperação e reajustamento às propostas de trabalho e lutas relacionadas ao seu futuro.

Presenciamos a dedicação que os amigos da espiritualidade tinham pelo recém-desencarnado e como procuravam facilitar, no que fosse possível, a sua reabilitação na condição de espírito liberto.

Clarêncio, com suas palavras, veio ao encontro das experiências pessoais presenciadas por nós:

– Apesar de estarmos diante de uma ocorrência natural, precisamos concluir nossos temas, abordando esse aspecto tão forte ainda para a maioria das pessoas na Terra. A morte tem sido um assunto perturbador para muitos por gerar transformações e nos convidar a pensar mais profundamente perante a vida universal.

Se a reencarnação sofrerá mudanças fundamentais, não seria diferente com a desencarnação. Ambas passarão por transformações acompanhando as necessidades do espírito imortal em seu próprio caminho de despertar interior, que ditará as características dos nascimentos e mortes.

Com o desenvolvimento da ciência médica, a formação do corpo físico e as gestações diminuirão e dispensarão parte do tamponamento da consciência, fenômeno que se torna cada vez mais dispensável para a adaptação a idiomas, etnias e culturas. Aliás, estes itens estão caminhando a passos largos para uma unificação. No novo desenvolvimento fisiológico, a passagem pelas fases da infância, juventude, idade adulta e velhice serão alterados. O maior período de tempo da existência será usufruído nas fases da juventude e da maturidade, e a infância e a velhice serão mais curtas.

O espírito transformará a forma como conduz sua existência, podendo prolongá-la em decorrência dos projetos que esteja executando, bem como terá autoridade de sair dela para cumprir missões diferentes no plano espiritual e até mesmo em outros mundos. Esse modo de viver tira da morte o caráter deprimente e doloroso e a transforma em portal de libertação do espírito. A dor decorrente das separações pelo desencarne não existirá, pois, além da certeza da imortalidade da alma, a comunicação entre os dois planos será algo rotineiro. Nessas condições, ninguém se sentirá desamparado.

A autoridade moral do ser sobre suas condições materiais será quase completa até que atinja a posição dos espíritos puros, na qual transcende e se liberta das leis físicas que regem as existências materiais dos orbes. A perspectiva do mundo de regeneração é o despertar das potencialidades de cada ser, dando-lhe condição de perceber que seu existir transcende o corpo físico, os papéis que exerce e a personalidade que assume temporariamente, passando a obedecer ao comando íntimo fundamentado nas suas forças espirituais.

Nascer, morrer e renascer terão propriedades muito diversas das que conhecemos hoje.

O espírito é a representação da presença de Deus e, quanto mais nos aproximarmos de nossa natureza essencial, mais autonomia teremos perante a matéria para conduzi-la de maneira natural e objetiva, aproveitando seus recursos e qualidades para o benefício geral.

A morte será então amada e respeitada em seu real significado, pois só quem sabe morrer para a superficialidade abre-se para viver a essencialidade, encontrando sintonia com a Vida plena que se faz com as características da eternidade.

"O forte magnetismo da amorosidade diluirá os problemas e as ilusões em todos os setores que a inteligência humana movimenta."

Capítulo 34

Diminuindo as distâncias na comunicação

Congregados como uma só família universal, milhares de representantes das diversas colônias que circundam a Terra faziam com que aquela colmeia de trabalhos e de estudos apresentasse a mais diversificada expressão de seres. A maioria dos espíritos vestia túnicas alvinitente e sua beleza expressava-se com simplicidade, dando um aspecto diferente de tudo que tinha visto até agora nos lugares por onde passei.

Estávamos em uma construção de proporção colossal que representava o Instituto do Sistema Solar e se localizava nas proximidades da Terra. Clarêncio informou-me ser ali o local de reuniões periódicas dos responsáveis pelas decisões que abrangem e beneficiam os planetas da nossa família solar.

Conforme a programação do evento, haveria uma reunião para a abertura dos trabalhos e várias outras de caráter particular, que desenvolveriam projetos para diminuir as distâncias relacionadas à comunicação entre as esferas espirituais mais próximas da Terra. Este avanço na comunicação seria importante para nosso planeta, já que todas as atenções estavam voltadas para a sua adaptação aos códigos universais do bem-viver.

Ao entrar em contato com seres de outros orbes do sistema, também convidados a participar daquele conclave, percebemos diferenças em algumas estruturas perispirituais, apesar de, no âmbito geral, a forma humana estar presente.

A humanidade terrena dava um passo grandioso para sua maioridade espiritual, saindo de sua condição de separatividade que a mantinha isolada da vida coletiva do Cosmos.

A grande expectativa para muitos era a possibilidade de estar, pela primeira vez, de forma mais consciente, na presença do Cristo, para ouvir de Sua sabedoria as orientações e ponderações que esta hora extraordinária pedia.

A ansiedade em que me via era muito expressiva. Procurei ficar o tempo todo em estado de prece e agradecimento no intuito de aproveitar melhor a oportunidade.

Além do Governador e todos os Ministros, as maiores comitivas de Nosso Lar eram as dos Ministérios da Comunicação e do Esclarecimento, com mais liberdade de ação para diminuir as barreiras existentes nos planos espirituais mais próximos da Terra. Por estarem mais ligados às responsabilidades ali ventiladas, preparavam-se para criar meios de aplicar e operar as determinações estabelecidas.

Várias músicas de altíssimo teor espiritualizante eram produzidas a fim de proporcionar maior harmonia e beleza para aquele encontro singular, fazendo com que as vibrações superiores dessem o tom dos acontecimentos. Como verdadeiras respostas do Alto, desciam sobre nós delicadas flores das mais variadas cores que, ao nos tocar, proporcionavam-nos grande paz e alegria.

Após aguardarmos por um tempo, uma estrela luminosa acompanhada por outras luzes veio em nossa direção e, aos poucos, tomava a forma humanizada, formando uma cúpula de seres iluminados. No centro dela, um ser translúcido e inigualável se fez presente com magnitude e beleza indescritíveis, por escapar de todas as minhas capacidades de identificação e de descrição.

Sob o impacto de forte emoção e sensibilidade, Clarêncio falou-me ao ouvido:

– É Jesus e seus mensageiros divinos que, na sua maioria, representam os grandes espíritos que passaram na Terra à feição de mestres e apóstolos do bem.

Um silêncio profundo tocou-nos de maneira tão intensa que parecia ser a expressão da própria presença de Deus em nós, como fonte de toda a vida.

Em nossas mentes e corações repercutia uma voz encantadora e vibrante que parecia mais uma melodia celestial, tamanha a impressão que causava a todos.

Independentemente dos níveis espirituais de cada um de nós, todos chorávamos de emoção. Aquela manifestação tinha um magnetismo tão forte que nos arrebatava para lugares longínquos, como se as distâncias dentro do Universo sumissem e nos sentíssemos em todos os lugares ao mesmo tempo. Vivíamos a sensação da Eternidade.

Reproduzo aqui, com expressivas limitações, as palavras que chegavam na acústica de nossos espíritos como uma doce voz, que nos dizia:

– É chegada a hora de vermos mais uma família que se sentia apartada do amor de nosso Pai unir-se à grande família universal. Até agora alimentava a condição de viver isolada e deslocada de tudo e de todos, sentindo-se como se fosse a única forma de vida inteligente no infinito da Criação.

Chegou o bem-aventurado tempo de corrigir essa distorção sustentada pela formação de uma estrutura mental baseada no ego isolado e infeliz, na qual vive numa permanente sensação de solidão e desolação.

O Amor é a ponte que une todos à essência da Vida. É imprescindível que nossos irmãos terrenos rompam com o egoísmo milenar ligado à percepção limitada de existir para retornar ao regaço amoroso do Pai.

As diferenças e limitações ainda existentes nos planos espirituais que envolvem o Planeta devem se extinguir para se reconhecerem como filhos de um mesmo Pai.

Os seres dos planos mais próximos à crosta sofrerão uma intervenção na estrutura mental de seus corpos espirituais com o propósito de desenvolver uma forma de comunicação que nasça dentro do ser. Este benefício se expandirá naturalmente aos homens do mundo físico, tornando possível outras capacidades de contatos. A distância entre os corações não pode mais existir, principalmente em se tratando dos círculos espirituais que circundam o orbe. A partir do momento em que vocês viverem legitimamente a fraternidade, rompendo com as fronteiras linguísticas e raciais, essa mesma fraternidade será verdadeira entre homens e nações. Com esta conquista, a compreensão surgirá, e os seres passarão a perceber que, línguas, costumes, regiões e interesses, estão separados por questões de menor importância.

O forte magnetismo da amorosidade diluirá os problemas e as ilusões em todos os setores que a inteligência humana movimenta.

Nesta hora suprema, nosso Pai fará o rompimento dos campos vibratórios e energéticos que ainda persistem em limitar as relações da humanidade com sua família no Universo.

Sob as vibrações de musicalidade, fomos envolvidos em transcendente prece que elevou tanto o nosso padrão que nossos corpos espirituais ficaram translúcidos, refletindo luzes de diversos e inebriantes matizes e produzindo um espetáculo de tanta magnitude que nenhum ser humano seria capaz de contemplar com seus olhos físicos.

Em arrebatamento indescritível, vimos nossas luzes se unirem, formando um gigantesco coração que se dirigiu ao orbe e, em claridades vivas, se desfez sobre ele. Passamos a vê-lo todo iluminado, bem como as duas esferas espirituais mais próximas da crosta destacadas aos nossos olhos por representarem os planos mais comprometidos com as mudanças que deveriam ocorrer.

Quando voltamos daquele estado de êxtase, já nos encontrávamos sem a presença daquela cúpula de seres iluminados. Colocamo-nos à disposição para estudos e reuniões dos quais surgiriam decisões em relação ao que iríamos fazer em prol da comunicação universal.

Sentíamo-nos felizes e mais leves e com a nítida percepção de que passamos por intensa atuação energética, pois conseguíamos perceber o que o outro sentia e pensava com maior facilidade. Algo dentro de mim se modificou no desdobramento da capacidade de me comunicar com o outro em sentimentos e pensamentos.

Diante das sublimes experiências vivenciadas, Clarêncio ainda informou:

FUTURO ESPIRITUAL DA TERRA

– Hoje, André, devemos agradecer mais expressivamente por essa oportunidade de ter uma predisposição para o desenvolvimento de recursos mais amplos em contato com o nosso próprio espírito, a partir de agora, e, através dele, nos comunicarmos com o outro. Cada um de nós recebeu uma intervenção interior para que façamos, por nossa conta, a parte que nos cabe, dependendo menos dos aspectos exteriores e nos ligando uns aos outros pelo amor que devemos ter por tudo.

Assim, dirigimo-nos a encontrar as equipes que representavam as múltiplas colônias espirituais para trocar ideias e aplicá-las na unificação dos planos espirituais, primeiramente, e depois entre os homens, impulsionando a Terra em seu processo de regeneração, passo inicial para se tornar um mundo elevado.

"O Amor é a ponte que une todos à essência da Vida. É imprescindível que nossos irmãos terrenos rompam com o egoísmo milenar ligado à percepção limitada de existir para retornar ao regaço amoroso do Pai."

Ficha Técnica

Título
Futuro Espiritual da Terra

Autoria
Espírito André Luiz
Psicografia de Samuel Gomes

Edição
1ª

ISBN
978-85-63365-81-1

Capa
Lucas Willian

Projeto gráfico e diagramação
Mônica Abreu

Revisão da diagramação
Nilma Helena

Revisão ortográfica
Juliana Biggi e Nilma Helena

Preparação de originais
Maria José da Costa e
Nilma Helena

Composição
Adobe Indesign 6.0, plataforma MAC

Páginas
345

Tamanho do miolo
16x23cm
Capa 16x23

Tipografia
Texto principal:Baskerville 13pt
Título: Aire Bold Pro 36pt
Notas de rodapé: Baskerville 9.5pt

Margens
22 mm: 25 mm: 28 mm: 22 mm
(superior:inferior:interna;externa)

Papel
Miolo Avena 80g/m2
Capa papel DuoDesign 250g/m2

Cores
Miolo 1x1 cor
Capa em 4x0 CMYK

Impressão
AtualDV (Curitiba/PR)

Acabamento
Miolo: Brochura, cadernos de 32
páginas, costurados e colados.
Capa: Laminação Fosca

Tiragem
500 exemplares

Produção
Junho / 2021

NOSSAS PUBLICAÇÕES

SÉRIE REFLEXÕES DIÁRIAS

PARA SENTIR DEUS

Nos momentos atuais da humanidade sentimos extrema necessidade da presença de Deus. Ermance Dufaux resgata, para cada um, múltiplas formas de contato com Ele, de como senti-Lo em nossas vidas, nas circunstâncias que nos cercam e nos semelhantes que dividem conosco a jornada reencarnatória. Ver, ouvir e sentir Deus em tudo e em todos.

Wanderley Oliveira | Ermance Dufaux
11 x 15,5 cm
133 páginas

Somente **ebook**

LIÇÕES PARA O AUTOAMOR

Mensagens de estímulo na conquista do perdão, da aceitação e do amor a si mesmo. Um convite à maravilhosa jornada do autoconhecimento que nos conduzirá a tomar posse de nossa herança divina.

Wanderley Oliveira | Ermance Dufaux
11 x 15,5 cm
128 páginas

Somente **ebook**

RECEITAS PARA A ALMA

Mensagens de conforto e esperança, com pequenos lembretes sobre a aplicação do Evangelho para o dia a dia. Um conjunto de propostas que se constituem em verdadeiros remédios para nossas almas.

Wanderley Oliveira | Ermance Dufaux
11 x 15,5 cm
146 páginas

Somente **ebook**

 ## SÉRIE CULTO NO LAR

VIBRAÇÕES DE PAZ EM FAMÍLIA

Quando a família se reúne para orar, ou mesmo um de seus componetes, o ambiente do lar melhora muito. As preces são emissões poderosas de energia que promovem a iluminação interior. A oração em família traz paz e fortalece, protege e ampara a cada um que se prepara para a jornada terrena rumo à superação de todos os desafios.

Wanderley Oliveira | Ermance Dufaux
16 x 23 cm
212 páginas

JESUS - A INSPIRAÇÃO DAS RELAÇÕES LUMINOSAS

Após o sucesso de "Emoções que curam", o espírito Ermance Dufaux retorna com um novo livro baseado nos ensinamentos do Cristo, destacando que o autoamor é a garantia mais sólida para a construção de relacionamentos luminosos.

Wanderley Oliveira | Ermance Dufaux
16 x 23 cm
304 páginas

ebook

REGENERAÇÃO - EM HARMONIA COM O PAI

Nos dias em que a Terra passa por transformações fundamentais, ampliando suas condições na direção de se tornar um mundo regenerado, é necessário desenvolvermos uma harmonia inabalável para aproveitar as lições que esses dias nos proporcionam por meio das nossas decisões e das nossas escolhas, [...].

Samuel Gomes | Diversos Espíritos
14 x 21 cm
223 páginas

ebook

AMOROSIDADE - A CURA DA FERIDA DO ABANDONO

Uma das mais conhecidas prisões emocionais na atualidade é a dor do abandono, a sensação de desamparo. Essa lesão na alma responde por larga soma de aflições em todos os continentes do mundo. Não há quem não esteja carente de ser protegido e acolhido, amado e incentivado nas lutas de cada dia.

Wanderley Oliveira | Ermance Dufaux
16 x 23 cm
300 páginas

ebook

SÉRIE DESAFIOS DA CONVIVÊNCIA

QUEM SABE PODE MUITO. QUEM AMA PODE MAIS

A lição central desta obra é mostrar que o conhecimento nem sempre é suficiente para garantir a presença do amor nas relações. "Estar informado é a primeira etapa. Ser transformado é a etapa da maioridade." - Eurípedes Barsanulfo.

Wanderley Oliveira | José Mário
16 x 23 cm
312 páginas

ebook

QUEM PERDOA LIBERTA - ROMPER OS FIOS DA MÁGOA ATRAVÉS DA MISERICÓRDIA

Continuação do livro "QUEM SABE PODE MUITO. QUEM AMA PODE MAIS" dando sequência à trilogia "Desafios da Convivência".

Wanderley Oliveira | José Mário
16 x 23 cm
320 páginas

SERVIDORES DA LUZ NA TRANSIÇÃO PLANETÁRIA

Nesta obra recebemos o convite para nos integrar nas fileiras dos Servidores da Luz, atuando de forma consciente diante dos desafios da transição planetária. Brilhante fechamento da trilogia.

Wanderley Oliveira | José Mário
14x21 cm
298 páginas

SÉRIE HARMONIA INTERIOR

LAÇOS DE AFETO - CAMINHOS DO AMOR NA CONVIVÊNCIA

Uma abordagem sobre a importância do afeto em nossos relacionamentos para o crescimento espiritual. São textos baseados no dia a dia de nossas experiências. Um estímulo ao aprendizado mais proveitoso e harmonioso na convivência humana.

Wanderley Oliveira | Ermance Dufaux
16 x 23 cm
312 páginas

 ESPANHOL

MEREÇA SER FELIZ - SUPERANDO AS ILUSÕES DO ORGULHO

Um estudo psicológico sobre o orgulho e sua influência em nossa caminhada espiritual. Ermance Dufaux considera essa doença moral como um dos mais fortes obstáculos à nossa felicidade, porque nos leva à ilusão.

Wanderley Oliveira | Ermance Dufaux
16 x 23 cm
296 páginas

 ESPANHOL

REFORMA ÍNTIMA SEM MARTÍRIO - AUTOTRANSFORMAÇÃO COM LEVEZA E ESPERANÇA

As ações em favor do aperfeiçoamento espiritual dependem de uma relação pacífica com nossas imperfeições. Como gerenciar a vida íntima sem adicionar o sofrimento e sem entrar em conflito consigo mesmo?

Wanderley Oliveira | Ermance Dufaux
16 x 23 cm
288 páginas

 [ESPANHOL] [INGLÊS]

ESCUTANDO SENTIMENTOS - A ATITUDE DE AMAR-NOS COMO MERECEMOS

Ermance afirma que temos dado passos importantes no amor ao próximo, mas nem sempre sabemos como cuidar de nós, tratando-nos com culpas, medos e outros sentimentos que não colaboram para nossa felicidade.

Wanderley Oliveira | Ermance Dufaux
16 x 23 cm
256 páginas

 [ESPANHOL]

PRAZER DE VIVER - CONQUISTA DE QUEM CULTIVA A FÉ E A ESPERANÇA

Neste livro, Ermance Dufaux, com seus ensinos, nos auxilia a pensar caminhos para alcançar nossas metas existenciais, a fim de que as nossas reencarnações sejam melhor vividas e aproveitadas.

Wanderley Oliveira | Ermance Dufaux
16 x 23 cm
248 páginas

DIFERENÇAS NÃO SÃO DEFEITOS - A RIQUEZA DA DIVERSIDADE NAS RELAÇÕES HUMANAS

Ninguém será exatamente como gostaríamos que fosse. Quando aprendemos a conviver bem com os diferentes e suas diferenças, a vida fica bem mais leve. Aprenda esse grande SEGREDO e conquiste sua liberdade pessoal.

Wanderley Oliveira | Ermance Dufaux
16 x 23 cm
248 páginas

EMOÇÕES QUE CURAM - CULPA, RAIVA E MEDO COMO FORÇAS DE LIBERTAÇÃO

Um convite para aceitarmos as emoções como forma terapêutica de viver, sintonizando o pensamento com a realidade e com o desenvolvimento da autoaceitação.

Wanderley Oliveira | Ermance Dufaux
16 x 23 cm
272 páginas

SÉRIE AUTOCONHECIMENTO

QUAL A MEDIDA DO SEU AMOR?

Propõe revermos nossa forma de amar, pois estamos mais próximos de uma visão particularista do que de uma vivência autêntica desse sentimento. Superar limites, cultivar relações saudáveis e vencer barreiras emocionais são alguns dos exercícios na construção desse novo olhar.

Wanderley Oliveira | Ermance Dufaux
16 x 23 cm
208 páginas

APAIXONE-SE POR VOCÊ

Você já ouviu alguém dizer para outra pessoa: "minha vida é você"?
Enquanto o eixo de sua sustentação psicológica for outra pessoa, a sua vida estará sempre ameaçada, pois o medo da perda vai rondar seus passos a cada minuto.

Wanderley Oliveira
16 x 23 cm
152 páginas

DESCOMPLIQUE, SEJA LEVE

Um livro de mensagens para apoiar sua caminhada na aquisição de uma vida mais suave e rica de alegrias na convivência.

Wanderley Oliveira
16 x 23 cm
238 páginas

A VERDADE ALÉM DAS APARÊNCIAS - O UNIVERSO INTERIOR

Liberte-se da ansiedade e da angústia, direcionando o seu espírito para o único tempo que realmente importa: o presente. Nele você pode construir um novo olhar, amplo e consciente, que levará você a enxergar a verdade além das aparências.

Samuel Gomes
14 x 21 cm
272 páginas

7 CAMINHOS PARA O AUTOAMOR

O tema central dessa obra é o autoamor que, na concepção dos educadores espirituais, tem na autoestima o campo elementar para seu desenvolvimento. O autoamor é algo inato, herança divina, enquanto a autoestima é o serviço laborioso e paciente de resgatar essa força interior, ao longo do caminho de volta à casa do Pai.

Wanderley Oliveira | Pai João de Angola
16 x 23 cm
272 páginas

FALA, PRETO VELHO

Um roteiro de autoproteção energética através do autoamor. Os textos aqui desenvolvidos permitem construir nossa proteção interior por meio de condutas amorosas e posturas mentais positivas, para criação de um ambiente energético protetor ao redor de nossas vidas.

Wanderley Oliveira | Pai João de Angola
16 x 23 cm
291 páginas

DEPRESSÃO E AUTOCONHECIMENTO - COMO EXTRAIR PRECIOSAS LIÇÕES DESSA DOR

A proposta de tratamento complementar da depressão aqui abordada tem como foco a educação para lidar com nossa dor, que muito antes de ser mental, é moral.

Wanderley Oliveira
16 x 23 cm
235 páginas

APOCALIPSE SEGUNDO A ESPIRITUALIDADE - O DESPERTAR DE UMA NOVA CONSCIÊNCIA

Num curso realizado em uma colônia do plano espiritual, o livro Apocalipse, de João Evangelista, é estudado de forma dinâmica e de fácil entendimento, desvendando a simbologia das figuras místicas sob o enfoque do autoconhecimento.

Samuel Gomes
16 x 23 cm
313 páginas

A REDENÇÃO DE UM EXILADO

A obra traz informações sobre a formação da civilização, nos primórdios da Terra, que contou com a ajuda do exílio de milhões de espíritos mandados para cá para conquistar sua recuperação moral e auxiliar no desenvolvimento das raças e da civilização. É uma narrativa do Apóstolo Lucas, que foi um desses enviados, e que venceu suas dificuldades íntimas para seguir no trabalho orientado pelo Cristo.

Samuel Gomes | Lucas
16 x 23 cm
368 páginas

CONECTE-SE A VOCÊ - O ENCONTRO DE UMA NOVA MENTALIDADE QUE TRANSFORMARÁ A SUA VIDA

Este livro vai te estimular na busca de quem você é verdadeiramente. Com leitura de fácil assimilação, ele é uma viagem a um país desconhecido que, pouco a pouco, revela características e peculiaridades que o ajudarão a encontrar novos caminhos. Para esta viagem, você deve estar conectado a sua essência. A partir daí, tudo que você fizer o levará ao encontro do propósito que Deus estabeleceu para sua vida espiritual.

Rodrigo Ferretti
16 x 23 cm
256 páginas

SÉRIE REGENERAÇÃO

FUTURO ESPIRITUAL DA TERRA

As necessidades, as estruturas perispirituais e neuropsíquicas, o trabalho, o tempo, as características sociais e os próprios recursos de natureza material se tornarão bem mais sutis. O futuro já está em construção e André Luiz, através da psicografia de Samuel Gomes, conta como será o Futuro Espiritual da Terra.

Samuel Gomes | André Luiz
16 x 23 cm
344 páginas

XEQUE-MATE NAS SOMBRAS - A VITÓRIA DA LUZ

André Luiz traz notícias das atividades que as colônias espirituais, ao redor da Terra, estão realizando para resgatar os espíritos que se encontram perdidos nas trevas e conduzi-los a passar por um filtro de valores, seja para receberem recursos visando a melhorar suas qualidades morais – se tiverem condições de continuar no orbe – seja para encaminhá-los ao degredo planetário.

Samuel Gomes | André Luiz
16 x 23 cm
212 páginas

A DECISÃO - CRISTOS PLANETÁRIOS DEFINEM O FUTURO ESPIRITUAL DA TERRA

"Os Cristos Planetários do Sistema Solar e de outros sistemas se encontram para decidir sobre o futuro da Terra na sua fase de regeneração. Numa reunião que pode ser considerada, na atualidade, uma das mais importantes para a humanidade terrestre, Jesus faz um pronunciamento direto sobre as diretrizes estabelecidas por Ele para este período."

Samuel Gomes | André Luiz e Chico Xavier
16 x 23 cm
210 páginas

SÉRIE ESTUDOS DOUTRINÁRIOS

ATITUDE DE AMOR

Opúsculo contendo a palestra "Atitude de Amor" de Bezerra de Menezes, o debate com Eurípedes Barsanulfo sobre o período da maioridade do Espiritismo e as orientações sobre o "movimento atitude de amor". Por uma efetiva renovação pela educação moral.

Wanderley Oliveira | Ermance Dufaux e Cícero Pereira
14 x 21 cm
94 páginas

SEARA BENDITA

Um convite à reflexão sobre a urgência de novas posturas e conceitos. As mudanças a adotar em favor da construção de um movimento social capaz de cooperar com eficácia na espiritualização da humanidade.

Wanderley Oliveira e Maria José Costa | Diversos Espíritos
14 x 21 cm
284 páginas

Gratuito em nosso site, somente em:

NOTÍCIAS DE CHICO

"Nesta obra, Chico Xavier afirma com seu otimismo natural que a Terra caminha para uma regeneração de acordo com os projetos de Jesus, a caracterizar-se pela tolerância humana recíproca e que precisamos fazer a nossa parte no concerto projetado pelo Orientador Maior, principalmente porque ainda não assumimos responsabilidades mais expressivas na sustentação das propostas elevadas que dizem respeito ao futuro do nosso planeta."

Samuel Gomes | Chico Xavier
16 x 23 cm
181 páginas

SÉRIE ROMANCE MEDIÚNICO

OS DRAGÕES - O DIAMANTE NO LODO NÃO DEIXA DE SER DIAMANTE

Um relato leve e comovente sobre nossos vínculos com os grupos de espíritos que integram as organizações do mal no submundo astral.

Wanderley Oliveira | Maria Modesto Cravo
16 x 23cm
522 páginas

LÍRIOS DE ESPERANÇA

Ermance Dufaux alerta os espíritas e lidadores do bem de um modo geral, para as responsabilidades urgentes da renovação interior e da prática do amor neste momento de transição evolutiva, através de novos modelos de relação, como orientam os benfeitores espirituais.

Wanderley Oliveira | Ermance Dufaux
16 x 23 cm
508 páginas

AMOR ALÉM DE TUDO

Regras para seguir e rótulos para sustentar. Até quando viveremos sob o peso dessas ilusões? Nessa obra reveladora, Dr. Inácio Ferreira nos convida a conhecer a verdade acima das aparências. Um novo caminho para aqueles que buscam respeito às diferenças e o AMOR ALÉM DE TUDO.

Wanderley Oliveira | Inácio Ferreira
16 x 23 cm
252 páginas

ABRAÇO DE PAI JOÃO

Pai João de Angola retorna com conceitos simples e práticos, sobre os problemas gerados pela carência afetiva. Um romance com casos repletos de lutas, desafios e superações. Esperança para que permaneçamos no processo de resgate das potências divinas de nosso espírito.

Wanderley Oliveira | Pai João de Angola
16 x 23 cm
224 páginas

UM ENCONTRO COM PAI JOÃO

A obra também fala do valor de uma terapia, da necessidade do autoconhecimento, dos tipos de casamentos programados antes do reencarne, dos processos obsessivos de variados graus e do amparo de Deus para nossas vidas por meio dos amigos espirituais e seus trabalhadores encarnados. Narra também em detalhes a dinâmica das atividades socorristas do centro espírita.

Wanderley Oliveira | Pai João de Angola
16 x 23 cm
220 páginas

O LADO OCULTO DA TRANSIÇÃO PLANETÁRIA

O espírito Maria Modesto Cravo aborda os bastidores da transição planetária com casos conectados ao astral da Terra.

Wanderley Oliveira | Maria Modesto Cravo
16 x 23 cm
288 páginas

PERDÃO - A CHAVE PARA A LIBERDADE

Neste romance revelador, conhecemos Onofre, um pai que enfrenta a perda de seu único filho com apenas oito anos de idade. Diante do luto e diversas frustrações, um processo desafiador de autoconhecimento o convida a enxergar a vida com um novo olhar. Será essa a chave para a sua libertação?

Adriana Machado | Ezequiel
14 x 21 cm
288 páginas

1/3 DA VIDA - ENQUANTO O CORPO DORME A ALMA DESPERTA

A atividade noturna fora da matéria representa um terço da vida no corpo físico, e é considerada por nós como o período mais rico em espiritualidade, oportunidade e esperança.

Wanderley Oliveira | Ermance Dufaux
16 x 23 cm
279 páginas

NEM TUDO É CARMA, MAS TUDO É ESCOLHA

Somos todos agentes ativos das experiências que vivenciamos e não há injustiças ou acasos em cada um dos aprendizados.

Adriana Machado | Ezequiel
16 x 23 cm
536 páginas

SÉRIE ESPÍRITOS DO BEM

GUARDIÕES DO CARMA - A MISSÃO DOS EXUS NA TERRA

Pai João de Angola quebra com o preconceito criado em torno dos exus e mostra que a missão deles na Terra vai além do que conhecemos. Na verdade, eles atuam como guardiões do carma, nos ajudando nos principais aspectos de nossas vidas.

Wanderley Oliveira | Pai João de Angola
16 x 23 cm
288 páginas

GUARDIÃS DO AMOR - A MISSÃO DAS POMBAGIRAS NA TERRA

"São um exemplo de amor incondicional e de grandeza da alma. São mães dos deserdados e angustiados. São educadoras e desenvolvedoras do sagrado feminino, e nesse aspecto são capazes de ampliar, nos homens e nas mulheres, muitas conquistas que abrem portas para um mundo mais humanizado, [...]".

Wanderley Oliveira | Pai João de Angola
16 x 23 cm
232 páginas

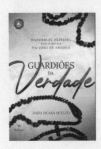

GUARDIÕES DA VERDADE - NADA FICARÁ OCULTO

Neste momento de batalhas decisivas rumo aos tempos da regeneração, esta obra é um alerta que destaca a importância da autenticidade nas relações humanas e da conduta ética como bases para uma forma transparente de viver. A partir de agora, nada ficará oculto, pois a Verdade é o único caminho que aguarda a humanidade para diluir o mal e se estabelecer na realidade que rege o universo.

Wanderley Oliveira | Pai João de Angola
16 x 23 cm
236 páginas

Impressão e Acabamento | Gráfica Viena
Todo papel desta obra possui certificação FSC® do fabricante.
Produzido conforme melhores práticas de gestão ambiental (ISO 14001)
www.graficaviena.com.br